I0833461

Dans la même collection :

1 - Dominique Temple, *Commun et Réciprocité*

2 - Mireille Chabal, *Réciprocité et Tiers inclus*

3 - Dominique Temple, *Les deux Paroles*

4 - Dominique Temple, *Monnaie de renommée et Réciprocité*

5 - Dominique Temple, *La réciprocité négative. Les Tupinamba*

6 - Dominique Temple, *Lévistraussique. La réciprocité et l'origine du sens*

7 - Dominique Temple, *La réciprocité de vengeance*

8 - Dominique Temple, *Marx aujourd'hui*

9 - Dominique Temple, *Le contradictoire. Principe structural des Nuer*

10 - Dominique Temple, *« Un nouveau postulat pour la philosophie »*

11 - Dominique Temple, *Frédéric Lordon, Marx et Spinoza*

12 - Dominique Temple, *Le Quiproquo Historique*

Dominique Temple

Frédéric Lordon, Marx et Spinoza

Collection *réciprocité*

N° 11

ISBN 979-10-97505-10-3

Textes publiés sur le Blog de Paul Jorion (octobre-novembre 2016)

SOMMAIRE

PREMIÈRE PARTIE

FRÉDÉRIC LORDON, MARX ET SPINOZA

Dans son essai sur Marx et Spinoza (*Capitalisme, désir et servitude*[1]), Frédéric Lordon part du principe que tout être tend vers sa perfection, et que cet essor – que Spinoza nomme *conatus* – est doué d'affects joyeux, qui se transforment en affects tristes lorsqu'il est réduit à l'impuissance. Cette alternative est exploitée, constate-t-il, par ceux dont le *conatus* particulier est le plus fort. Mais, puisque la raison forme des idées adéquates qui s'accompagnent d'affects joyeux, la *multitude* peut choisir la raison pour se libérer du pouvoir des « minorités » qui entendraient faire prévaloir leurs passions prédatrices.

> « L'exploitation passionnelle prend fin quand les hommes savent diriger leurs désirs communs – et former entreprise, mais entreprise communiste – vers des objets qui ne sont plus matière à captures unilatérales, c'est-à-dire quand ils comprennent que le vrai bien est celui dont il faut souhaiter que les autres le possèdent en même temps que soi. Ainsi, par exemple, de la raison, que tous doivent vouloir être le plus nombreux possible à posséder puisque "*les hommes, en*

1. Frédéric Lordon, *Capitalisme, désir et servitude. Marx et Spinoza*, La fabrique, Paris, 2009.

> *tant qu'ils vivent sous la conduite de la raison, sont suprêmement utiles aux hommes*" (Spinoza, *Éthique*, IV, 37, première démonstration)[2]. »

Il serait donc possible que la démocratie l'emporte sur l'exploitation capitaliste.

Je voudrais, dans cet article, développer trois critiques :

1° La réduction de l'affectivité à deux valeurs sert le capitalisme, mais elle ne rend pas compte de l'économie affective de la société.

2° Ce que Frédéric Lordon appelle la « capture d'*autorat* » se traduit pour Marx par *l'aliénation de la qualité* du travail et la *privatisation* de la propriété qui demeure la pierre d'angle de la révolution.

3° La *puissance de la multitude* est beaucoup plus que le *pouvoir*. Elle est l'efficience de la liberté commune engendrée par la réciprocité.

2. Lordon, *op. cit.*, pp. 195-196.

I

Le « binarisme affectif » à deux ou quatre valeurs

Quand on parle de l'affectivité en général, il faut distinguer celle du Soi qui se rapporte au Moi, le Soi-même – l'ipséité –, du Soi qui se rapporte à l'autre, le Soi-Autre – le Tiers –, le sentiment d'être humain qui naît partout et spontanément dès que se constitue entre les individus une relation intersubjective de réciprocité.

Les affects qui ont une valeur de référence pour l'« homme social », ses émotions spirituelles comme l'amour ou l'amitié, les sentiments de responsabilité ou de justice, sont créés à partir de la relation et de la participation d'autrui. Et puisque l'affectivité a pour caractère essentiel d'être absolue, et qu'elle est nécessairement singulière et incommunicable d'un être à l'autre, il n'y a de sentiment qui puisse être une référence ontologique universelle que produit par l'ensemble de la communauté (la *multitude*), et seulement lorsque tous participent à sa genèse de façon égale.

Nous ne détaillerons pas ici pourquoi le principe de réciprocité s'impose plutôt que le principe de différence ou le principe d'identité à l'origine de l'affectivité : disons seulement que le principe d'identité ne crée rien de nouveau, et que le principe de différence ne permet pas aux affectivités différenciées de se concilier les unes avec les autres. C'est de la *relativisation* de l'*identité* par la *différence,* et réciproquement, de leur interaction donc, que surgit un sentiment – le *Soi* – qui se révèle une affectivité pure, neutre si l'on peut dire, et qui, lorsqu'elle est redoublée dans la réciprocité, se transforme en une *conscience de soi, un sentir qui se sent lui-même*, comme dit Aristote, qui reconnaît là *ce qui est à proprement parler « penser »*. Être conscient est une énergie qui manifeste aussitôt sa puissance comme liberté souveraine, par la Parole.

Nous appelons *Tiers* la conscience née de la réciprocité, source d'une parole qui a nécessairement le même sens pour tous les participants à sa genèse. Le sens du *nom,* par exemple, est immédiatement perçu par tous les partenaires d'une relation d'alliance inaugurale. Le nom de l'*homme* s'impose donc comme celui de l'*être parlant*, et se substitue au *sujet biologique*.

Que le *principe de réciprocité* soit oublié ou écarté et nous retrouvons soit le principe d'identité, qui associe les hommes en phalange ou faisceau et qui les fait marcher au pas de l'oie, soit le principe de différence qui pulvérise la société en autant d'individus dont la liberté se limite au pouvoir de domination des uns sur les autres. Le Tiers est le sujet humain de la *multitude* lorsque la multitude est organisée par la réciprocité.

Il nous faut alors distinguer le sujet qui se définit comme lui-même, le Moi, et le sujet qui se définit comme le Tiers en chacun de nous – le sentiment d'humanité commun à tous les partenaires de la réciprocité. Nous appellerons *joie* et *tristesse* l'affectivité du Tiers ; *peine* et *plaisir* celle du Moi.

La peine est le contraire du plaisir, comme la tristesse est le contraire de la joie. Il est donc possible de donner le même statut à la peine et à la tristesse, et à la joie et au plaisir, en se fiant à l'identité de leurs rapports.

Cette analogie est exploitée par le système capitaliste car celui-ci pose la question du pouvoir dans une économie à deux valeurs. Il confond la joie et la tristesse, qui sont les affects de l'humanité, avec les affects du plaisir et de la peine, dépendant de fonctions biologiques, afin de les réduire à des rapports de force. L'art du pouvoir capitaliste est d'habiller le plaisir de l'apparence de la joie, et la peine de celle de la tristesse.

Ainsi, dans la mesure où la critique consent au *binarisme affectif*, et se tient dans le champ à deux valeurs défini par le capitalisme, le *conatus* de la multitude ne peut plus être séparé du pouvoir du Moi de chacun, fût-il devenu par similitude celui de la multitude. Mais si le Moi s'efface au bénéfice de ce que nous appelons le *Tiers* entre les uns et les autres, ce n'est plus le *désir de* l'individu qui est en jeu mais l'*amour entre* les individus, qui est bien plus exigeant que le désir lui-même. Et le Tiers se manifeste au-delà de toute crainte ou envie puisque disparaissent les critères de possession et de pouvoir qui leur sont sous-jacents. Ainsi, le Tiers se donne avec la joie, tandis que le défaut d'amour est tristesse, que l'on ne doit plus confondre avec la peine.

Mais quelle qu'elle soit, l'affectivité se manifeste sous forme de deux affects antagonistes, ici la joie et la tristesse, là le plaisir et la peine. On évitera, par conséquent, de réduire l'économie de l'affectivité à deux valeurs, car, pour peu que l'on tienne compte du Tiers, c'est à quatre valeurs que l'on doit faire appel : la peine et le plaisir, sûrement, mais aussi la joie et la tristesse puisque ces deux couples d'affects ne jouent pas le même rôle.

Frédéric Lordon propose une image trigonométrique fort suggestive de l'alignement du *conatus* des salariés sur le *conatus-maître* du patronat lors de la capture du *conatus* des uns par l'autre. Il imagine de les représenter chacun par un vecteur, d1 et d2, formant un angle *a*. La mesure de l'angle *a* est celle de la liberté du salarié vis-à-vis du patron. Lorsque l'angle est nul, l'alignement est parfait : le désir enrôlé vit entièrement pour le désir-maître[3].

La question est de savoir ce qui permet l'orthogonalité des deux *conatus,* et la réalisation de l'angle *a* à son maximum.

Ce qui permet de définir cette orthogonalité est la joie – l'affectivité du Tiers. La joie n'est pas seulement le désir du salarié ! C'est le sentiment d'humanité réalisé par la liberté de chacun lorsqu'elle est engendrée par la liberté commune, et qui s'oppose donc à la liberté unilatérale de chacun qui s'oppose à celle de l'autre, y compris quand il s'agit de celle du salarié et celle du patron. Dès lors, la dignité du salarié n'est pas réductible à l'intérêt du plus faible qui lutte contre l'intérêt du plus fort, mais à celle de l'humanité qui lutte contre son aliénation.

Affirmer seulement que la multitude a pour *conatus* la raison laisse dans l'ombre qu'elle doit pour cela être organisée par la réciprocité. On ne peut la créditer de la raison seulement par un acte de foi qui ne dispose d'aucune supériorité sur tout autre acte de foi, comme celui dans la souveraineté de l'individu qui n'a de compte à rendre à personne ni de responsabilité vis-à-vis d'autrui et de l'avenir du monde. En réalité, le *conatus* qui se manifeste dans la réciprocité s'oppose au *conatus* qui l'ignore ou la nie : ce dernier conduit au pouvoir de domination, tandis que le premier conduit à la puissance qui se multiplie – ce que Frédéric Lordon appelle l'*empuissantisation,* dont l'effectivité est la liberté commune. Mais sans la distinction de la matrice de l'un et de la matrice de l'autre, l'incertitude laisse au hasard le soin de décider de l'avenir humain.

---

3. *Ibid.*, pp. 54-55.

II

La « capture » de la « qualité du travail » condition préalable à l'exploitation de la force de travail

Lorsque Frédéric Lordon dit, en se référant à Spinoza, que :

> « [...] ce n'est pas tant la valeur, pré-existante et objectivement établie, qui attire à elle le désir que le désir qui, investissant des objets, les constituent en valeur[4] »,

il entend mettre en évidence qu'il n'y a pas de contenu substantiel de la valeur, mais seulement des investissements du désir. Il dénonce la *valeur* telle qu'elle est définie dans le système capitaliste comme *valeur d'échange* à partir du *temps social abstrait nécessaire à sa production*.

Au départ, c'est la *faim* qui meut le prolétariat. La faim, certes, n'est pas une mesure substantive de la valeur ; la valeur n'est qu'un rapport entre la faim et la satiété, plus proche de la définition de la *chreia* d'Aristote (le *besoin*) que de la valeur d'échange de la force de travail décidée par le capitaliste (le salaire).

4. *Ibid.*, p. 149 (cf. *Éth.*, III, 9, scolie).

Et lorsque Frédéric Lordon précise :

> « Il n'y a pas de valeur substantielle qui puisse faire objectivement norme et fournir des ancrages incontestables aux arguments des disputes distributives, il n'y a que les victoires temporaires de certaines puissances imposant avec succès leurs affirmations valorisatrices[5] »,

il pense à toute situation de domination des uns sur les autres, et pas seulement aux compétitions de la société de consommation d'aujourd'hui.

On peut se souvenir qu'au XIXe siècle, le désir des ouvriers était réduit à la nécessité. Et le besoin n'était pas celui du loisir mais de la survie. Frédéric Lordon peut donc dire qu'en toutes circonstances, « vaut ce que le plus puissant a déclaré valoir ».

Si avant Marx les victoires étaient distribuées de façon systématique pour les uns, les défaites pour les autres, on conviendra cependant que la théorie marxiste offrit une alternative et permit que le besoin puisse avoir un autre but que de survivre mais de vivre, aussi, selon la raison. A contrario, lorsque la défaite du salariat dans son rapport de force avec le patronat fut d'une ampleur telle que la violence de la détresse l'aveugla, c'est une folie meurtrière qui s'empara des victimes pour en faire à leur tour des bourreaux.

Pour aller dans le sens de Frédéric Lordon, on peut souligner que Marx insiste sur le fait que le capitaliste écarte *a priori* toute évaluation de la *qualité* du travail. Entendons par *qualité* le fait que le travail de l'homme libre est une œuvre et non un labeur[6], car ce que le patronat achète n'est pas une œuvre mais une *force de travail,* qu'il va, lui, *mettre en œuvre.*

---

5. *Ibid.*, p. 150.

6. Distinction partout reconnue : *labor/opus ; ponia/ergon ; arbeiten/werken* ; travail/œuvre.

Autrement dit, le système capitaliste commence par décapiter le travail de sa *qualité* pour le réduire à une *quantité* de force de travail dont le fonctionnement « à vide » peut s'accumuler en termes mesurables. Une fois qu'il a obtenu, par la privatisation de la propriété, que le salarié n'ait plus la possibilité d'exercer son activité librement, c'est-à-dire qu'il soit privé *d'autorat*, comme dit Frédéric Lordon, le patronat réduit autant qu'il le peut le prix de revient de la force de travail afin d'augmenter la marge de son profit. Sur cette exploitation est construite la misère du prolétariat.

Mais doit-on arrêter la dénonciation de cette exploitation à cette violence cynique, et oublier l'aliénation forcée du travail qui en est le pacte inaugural ?

Pourquoi Marx aurait-il dit, dans le Manifeste communiste :

> « Ce qui caractérise le communisme, ce n'est pas l'abolition de toute espèce de propriété, mais l'abolition de la propriété bourgeoise. Or, la propriété bourgeoise moderne, la propriété privée, est l'expression ultime, l'expression la plus parfaite du mode de production et d'appropriation fondé sur des antagonismes de classes, sur l'exploitation des uns par les autres. En ce sens, les communistes peuvent résumer leur théorie par cette seule formule : abolition de la propriété privée[7]. » ?

Marx fonde la possibilité de l'exploitation capitaliste sur la privatisation de la propriété, qui est bien un rapport de force entre ce qu'on pourrait dire le *conatus* du plus fort et le *conatus* du plus faible.

---

7. Karl Marx, *Œuvres*, Économie I, *Le manifeste communiste* [1848], La Pléiade, Paris, 1963, p. 175.

Il semble que Frédéric Lordon redise l'analyse de Marx plus qu'il ne la contredise lorsqu'il conclut :

> « Et contrairement à ce qu'on pourrait croire, la perspective de la capture n'aide pas tant à remettre en selle la théorie marxienne de la plus-value qu'elle ne suggère, non d'abandonner, mais de redéfinir l'idée d'exploitation. La chose a tout du paradoxe au premier abord puisque l'exploitation au sens marxien du terme est précisément définie comme la captation de la plus-value par le capital, c'est-à-dire par la privation des salariés d'une part de la valeur qu'ils ont produite. Ce n'est pourtant pas la dépossession en elle-même de cette part de valeur qui fait l'exploitation mais son appropriation privative par le capitaliste[8]. »

La théorie substantielle de la valeur d'échange est à porter au passif du capitalisme qui ne peut capturer la plus-value qu'à la condition de *privatiser la propriété*, sans quoi nul ne pourrait s'emparer de la force de travail du salarié comme d'une marchandise, et la dissocier du produit que l'actualisation de celle-ci permet de réaliser.

> « Si exploitation il y a, elle est donc davantage du ressort d'une théorie politique de la capture que d'une théorie de la valeur, et le coût par conséquent de renoncer à la théorie marxienne de la valeur objective est moins grand qu'il n'y paraissait puisque cette théorie ne faisait accepter ses impasses que d'avoir été conçue tout exprès pour soutenir un concept d'exploitation qui peut être soutenu autrement[9]. »

Cependant, pour Marx, et il ne cesse de le préciser, l'exploitation requiert au préalable la privatisation de la propriété et l'aliénation de la qualité du travail, ce qui n'est

8. Lordon, *op. cit.*, pp. 152-153.
9. *Ibid.*, p. 153.

pas autre chose que la capture d'*autorat.* C'est de se contenter de la critique du capitalisme industriel du XIXe siècle, l'exploitation brutale de la force de travail, pour rendre compte du capitalisme de notre temps, qui doit être dénoncé comme un appauvrissement du concept de l'exploitation de l'homme par l'homme.

> « La capture par le désir-maître, activation à son service des puissances d'agir enrôlées, est donc *dépossession d'œuvre,* dépossession non seulement du produit monétaire des œuvres quand la plus-value est captée par le capital, mais plus largement car la capture est le propre de tous les patronats, dépossession *d'autorat* [10]. »

Voilà qui n'invalide donc pas l'analyse de l'exploitation à mort du salarié, toujours en vigueur dans les zones périphériques du système capitaliste :

> « Que le patron capitaliste capte une partie de valeur est un fait tellement évident qu'il serait absurde de le contester, mais le manque d'une référence substantielle objective à quoi raccrocher la mesure de la plus-value oblige à détacher l'idée d'exploitation du calcul de valeur, et à la redéfinir autrement[11]. »

Mais voilà qui oblige à renouveler l'analyse du capitalisme du XIXe siècle par celle du capitalisme de notre temps. C'est en effet seulement aujourd'hui que l'affect, que le capital mobilise à son profit, n'est plus celui de la survie (la faim) mais celui de la vie entière (le désir), et qu'alors :

> « Expressions de la nature profondément affirmative du *conatus*, les demandes sont des efforts de puissance dont les conflits seront réglés, comme toute rencontre antagoniste dans le monde, par la loi élémentaire de la

10. *Ibid.*, p. 154.
11. *Ibid.*, p. 156.

> puissance la plus forte…[12] ».

Pourquoi Frédéric Lordon peut-il dire, aujourd'hui :

> « Or, la capture des énergies conatives enrôlées par alignement sur le désir-maître ne peut se faire que sous détermination passionnelle. Et c'est cela qu'exploite le patron général : de la puissance et des passions, de la puissance bien dirigée par des passions[13]. » ?

C'est parce que le capitalisme du XIXe siècle est mort dans la « grande crise de 1929 ». S'il a ressuscité, c'est qu'il a compris que la surexploitation le conduisait à la surproduction et à l'insolvabilité du prolétariat, ce qui tarissait son profit, et qu'il était donc nécessaire de modifier cette contradiction absolue en une contradiction relative : la croissance du pouvoir d'achat du prolétariat devait assurer la pérennisation de la production sous condition d'un différentiel qui garantisse au capital sa marge de profit. À partir de l'intégration de la *qualité* dans la définition de la valeur d'échange et du loisir dans les motivations du travail, qui permirent de surpasser la crise, c'est au *désir* que le capitalisme fut forcé de s'intéresser, et pas seulement à la nécessité.

La redistribution d'une partie du bénéfice au prolétariat fut suivie de l'intégration à la dynamique de l'entreprise de l'inventivité du salariat (la *qualité* du travail) parce qu'elle pouvait amplifier la production par la demande et la consommation : voilà qui implique la substitution des affects du plaisir et du désir à ceux de la peine et de la faim, c'est-à-dire, comme le précise Frédéric Lordon, que les affects du désir deviennent l'enjeu de la compétition pour le pouvoir[14].

---

12. *Ibid.*, p. 151.
13. *Ibid.*, p. 156.
14. « Dans le pire des cas, comme celui qui suit du désir d'éviter le

Mais nous avons changé d'époque et de définition du système capitaliste.

> « Mais en quoi consiste exactement cette extension de la complexion passionnelle du salariat requise par le projet néolibéral d'alignement intégral ? Nécessairement en enrichissement en affects joyeux, mais plus précisément ? En la production d'affects joyeux *intrinsèques*. Le premier enrichissement – celui qui avait donné à l'*épithumè* capitaliste sa configuration fordienne – avait consisté à ajouter aux affects tristes de l'aiguillon de la faim les affects joyeux de l'accès élargi à la marchandise consommable, et complété le désir d'éviter un mal (le dépérissement matériel) par le désir de poursuivre des biens (mais sous la seule forme des biens matériels à entasser). Nul doute que cette première adjonction a beaucoup fait pour déterminer les salariés à l'alignement sur le désir-maître du capital. Mais insuffisamment, a cependant jugé l'entreprise néolibérale. Qui prend désormais elle-même le travail épithumogénique en main. Et voilà son ajout stratégique : l'aiguillon de la faim était un affect salarial intrinsèque, mais c'était un affect triste ; la joie consumériste est bien un affect joyeux, mais il est extrinsèque ; l'épithumogénie néo-libérale entreprend alors de produire des *affects joyeux intrinsèques*. C'est-à-dire intransitifs et non pas rendus à des objets extérieurs à l'activité du travail salarié (comme les biens de consommation). C'est donc l'activité *elle-même* qu'il faut reconstruire objectivement et imaginairement comme

---

mal du dépérissement matériel, la puissance d'agir n'est apportée que dans un environnement d'affects tristes. Dans le meilleur, l'épithumogénie spécifique d'entreprise (au sens capitaliste du terme cette fois) colinéarise les *conatus* salariés par des affects de joie mais en rivant les puissances d'agir à la division du désir, c'est-à-dire en bornant leur effectuation à des domaines extrêmement restreints ». *Ibid.*, pp. 153-154.

source de joie *immédiate*. Le désir de l'engagement salarial ne doit plus être seulement le désir médiat des biens que le salaire permettra *par ailleurs* d'acquérir, mais le désir intrinsèque de l'activité pour elle-même. Aussi l'épithumogénie néolibérale se donne-t-elle pour tâche spécifique de produire à grande échelle des désirs qui n'existaient pas jusqu'alors, ou bien seulement dans des enclaves minoritaires du capitalisme, désirs du travail heureux ou, pour emprunter directe-ment à son propre lexique, désirs de "l'épanouissement" et de la "réalisation de soi", dans et par le travail[15]. »

L'objectif premier de l'exploitation de l'homme par l'homme n'a pas été modifié : la *capture* des conditions d'existence de l'humanité, même si cette capture passe par la confiscation des affects de la multitude, et pas seulement par celle de ses moyens de production.

Mais…

> « Passer d'une économie de la plus-value à une politique de la capture demande alors de préciser la nature de ce qui est capté[16]. »

Du temps de Marx, la capture était la privatisation de la propriété, dont les *enclosures* sont l'exemple paradigmatique, c'est-à-dire la privatisation des moyens de production. Mais aujourd'hui ?

> « Or la réponse d'inspiration spinoziste à cette question [la capture] est immédiate : de la puissance d'agir[17]. »

Frédéric Lordon précise que le couple *plaisir-peine* est dynamisé par le patronat sous une forme dialectique : il s'agit d'utiliser la peine comme ressort d'une relance du plaisir.

---

15. *Ibid.*, pp. 75-76.
16. *Ibid.*, p. 153.
17. *Ibid.*

L'articulation du désir à l'échelon supérieur est assurée par la crainte permanente de l'échelon inférieur. Et ce ressort est institutionnalisé sous le nom de *hiérarchie* ; le contre-maître exerçant ses prérogatives de patron délégué avec d'autant plus de violence sur le dominé qu'il craint des représailles de son supérieur, et qu'il désire conforter sa position ou même accéder à un échelon plus élevé[18].

D'où vient, en réalité, que le plaisir soit dans le désir de l'inférieur d'atteindre un échelon supérieur ? Du fait que la suppression de la peine d'un état donné se transforme en plaisir, ce pourquoi le retour à la peine est nécessaire pour reproduire le désir du plaisir.

Le choix d'exercer le pouvoir (pouvoir de domination des uns sur les autres) ou de s'en libérer n'appartient pas à une classe mais à tout le monde, comme le rappelle Frédéric Lordon :

> « La vue spinoziste ajoutera surtout que la servitude passionnelle est la condition de tous, et qu'en réserver l'imputation à certains en dit au moins autant sur celui qui impute que sur celui qui est imputé[19]. »

Ce qui ne veut pas dire que tous les dominés soient de futurs dominants…

---

18. Ce mécanisme n'est pas une invention du système capitaliste ! La Boétie nous a rappelé qu'il est utilisé dans tous les systèmes de pouvoir.

19. Lordon, *op. cit.*, p. 140.

III

Le pouvoir de domination et la puissance de la liberté

Dans la théorie de Spinoza, auquel se réfère Frédéric Lordon, actions ou interactions sont causes et effets, tout est déterminé, et « l'illusion de la liberté » est due à l'inconnaissance de la plupart des causes qui nous déterminent. Dès lors, observe Frédéric Lordon, un système aujourd'hui bien établi peut se défaire par le hasard d'une cause qu'il n'avait pu soumettre pour l'avoir ignorée :

> « Or les passions qui travaillent à maintenir des individus sous des rapports institutionnels peuvent aussi, parfois, se reconfigurer pour travailler à détruire ces rapports. Conformément au principe causal, elles ne se reconfigurent pas d'elles-mêmes, mais toujours sous l'effet d'une affection antécédente, souvent ce geste de trop que le pouvoir institutionnel n'a pas su retenir et qui va causer sa perte en remettant la multitude en mouvement[20]. »

Par exemple :

> « Comme les matelots du cuirassé Potemkine basculent dans la mutinerie, indignés par la peine de mort réservée à ceux qui ont eu pour seul tort de protester contre la viande avariée, une mise à pied abusive déclenche un

20. *Ibid.*, p. 177.

> soulèvement usinier, ou le plan social de trop finit par mettre les cadres dans la rue[21]. »

Le sort du Potemkine, réglé dans un sens inverse de celui qu'aurait pu espérer la multitude, montre néanmoins combien il est dangereux de s'en remettre au hasard. En dépit du risque, Frédéric Lordon espère que le *conatus* de la multitude, aujourd'hui organisé pour satisfaire l'actionnariat capitaliste, puisse se réorganiser à ses dépens : la tristesse, aujourd'hui compensée par la joie factice du plaisir de la consommation, peut tout d'un coup se transformer en indignation si la supercherie de la compensation est découverte à l'occasion d'un événement futile mais qui n'en serait pas moins révélateur aux yeux du plus grand nombre. C'est compter avec l'idée que la tristesse puisse être un ressort de la réorganisation de la multitude.

Mais dans une société où la réciprocité est systématiquement rompue, dévoyée ou récupérée à des fins contraires, personne n'a plus d'axe auquel se référer. La multitude est seulement équilibrée selon un rapport de force, que les capitalistes veillent soigneusement à préserver en leur faveur et à prémunir de toute remise en cause. Si les dominés refusent le plaisir que leur délivre le capitalisme, ils sont voués à la *tristesse*, dont la somatisation exigerait le suicide s'ils n'acceptaient de se soumettre à la *peine*[22].

Il nous serait plus facile de dire cela si l'on définissait comme « plaisir » la joie-postiche qui accompagne le leurre de la consommation, que le capitalisme substitue à la joie vraie – celle du Tiers – du sentiment d'humanité en chacun d'entre nous, à laquelle on devrait réserver le terme « joie ». Dès lors, on pourrait dire que, privés de la joie, et dans la mesure où ils

---

21. *Ibid.*, p. 178.
22. C'est peut-être ce que veut signifier le terme « atterré »!

s'indignent de la supercherie que leur impose le capitalisme sous couvert du plaisir, les hommes, devant le vide d'être qui les conduirait au suicide, se rattrapent à la peine grâce à laquelle ils peuvent se sentir exister malgré tout. C'est ce que l'on appelle la résignation.

Il est plus facile, pour tenir « debout », d'accepter son sort, que de subir la désillusion jusqu'à la nausée. Les hommes requièrent le malheur comme défense ultime face au néant. Le capitalisme peut donc compter sur la tristesse comme un allié de poids en cas de besoin. C'est pourquoi, il paraît nécessaire d'envisager le devenir post-capitaliste sur la possibilité ou l'impossibilité du Tiers, plutôt que de s'en remettre à l'imprévu de la conjoncture.

Il existe une autre raison pour laquelle il n'est pas évident que la tristesse soit un motif de révolte et une promesse de révolution. Les dominés ont plusieurs stratégies : l'une est la résignation, on vient de le dire, mais une autre est la reconstitution entre eux des relations de réciprocité, comme par exemple chez les mineurs de Potosí (la « montagne d'argent » de Bolivie[23]) : enfermés à vie dans les souterrains de la mine, les esclaves s'organisaient « à l'abri de la lumière » en recréant leur humanité avec une autre économie, une autre politique et une autre religion.

Les esclaves d'Amérique et les parias des bidonvilles créent aussi par leurs relations de réciprocité entre eux des valeurs qui leur appartiennent et qui sont inaliénables. Pourquoi les Américains d'origine, les Noirs d'Amérique, les Esclaves africains de Guyane ou des Antilles, les Roms

---

23. Le *Cerro Rico* de Potosí, plus grand complexe industriel du Nouveau Monde, alimentait les caisses du royaume d'Espagne grâce à ses gisements d'argent et d'étain. Il fut exploité depuis le XVIe siècle jusqu'à nos jours.

européens, les parias des banlieues renonceraient-ils à leurs valeurs pour s'intégrer au prolétariat du système capitaliste en pleine dissolution ? On ne voit pas non plus comment ils pourraient concilier leur système de réciprocité avec celui de la bourgeoisie, qui, replié dans le cadre familial ou la religion, ne produit plus que des justifications morales pour son pouvoir. Cependant, de tels systèmes ne sont pas une solution d'avenir car ils se fondent sur des contextes particuliers, et s'expriment dans des imaginaires issus de l'exclusion.

Quoi qu'il en soit, c'est à la contradiction de la raison, dont l'affect est la joie, et des passions particulières, dont l'affect n'est que plaisir, que nous avons essentiellement affaire, ou, dit dans les termes de Frédéric Lordon, à la relation orthogonale entre la liberté de la multitude organisée par le *principe de réciprocité* – qui peut se dire l'*empuissantisation* – et le pouvoir promu aujourd'hui par les prédations capitalistes.

L'espérance dans le hasard pour recomposer les données du système, et la foi en la supériorité de la raison éthique sur la raison utilitaire, naissent spontanément de la communion des victimes ; c'est-à-dire de la *réciprocité de face-à-face généralisée*, mais il est clair que la société, qui n'entend pas recourir à l'idéalisme ni tolérer la résurgence d'imaginaires religieux dépassés, voudrait plus que jamais faire appel à la raison. Il lui faut alors exiger qu'elle soit capable de reconnaître les structures sociales instruites par le *principe de réciprocité* qui l'autorisent à s'assurer de la genèse de l'Éthique.

DEUXIÈME PARTIE

FRÉDÉRIC LORDON ET L'*IMPERIUM*

La thèse de Frédéric Lordon[24] bouleverse les données traditionnelles parce qu'elle étaye l'intuition des nouvelles générations qu'au-delà des rapports de force, auxquels les révolutionnaires des générations précédentes ont accordé le plus grand prix, l'affectivité témoigne au sein de son hermétisme d'une puissance supérieure.

Nous soutiendrons dans cette discussion le caractère absolu de l'affectivité, qui masque un principe, exclu de la logique de non-contradiction : le principe du Tiers, dont la réintégration au sein de la logique permet à la raison de s'affranchir de ses aliénations et de se reconnaître un affect propre – celui de la liberté de l'esprit –, et à la logique de recouvrer son intégrité.

Mais, surtout, la réflexion du Tiers au sein de la réciprocité révèle sa nature à la fois comme affect de la liberté et idée de la conscience elle-même – la raison. Dès lors, la raison prend le dessus sur les passions et protège le bonheur de tous du pouvoir de chacun.

---

24. Frédéric Lordon, *Imperium. Structures et affects des corps politiques*, La fabrique, Paris, 2015.

I

Similitude et Analogie

Dans son livre, *Imperium*, Frédéric Lordon critique l'idée que la société puisse se définir comme « association libre d'individus souverains »[25]. Il vise non seulement la thèse du libéralisme économique[26], mais celle de l'anarchie (en se référant à Bakounine[27]) et celle du socialisme (en se référant à Proudhon[28]).

---

25. « Depuis les bien-nommées théories du contrat social, dont l'intitulé même ne saurait mieux dire la philosophie atomistique qui les anime, jusqu'aux libres associations de la pensée communiste-libertaire, le schème associatif-contractualiste est, pour l'esprit moderne, l'horizon de la pensée du groupement. [...] Et le lien ne se conçoit plus que comme délibéré, consenti, bref un mouvement réfléchi qui n'appartient qu'à l'individu lui-même. Disons tout de suite que cette modalité de la liaison, de l'entrée en liaison, concentre par excellence les traits les plus caractéristiques de l'individualisme libéral, à qui le fait même de la relation finit par être en soi problématique au regard de l'idée qu'il se fait de sa souveraineté personnelle. » *Ibid.*, p. 57.

26. « Cette aporie oxymorique de l'"engagement réversible", qui dit en fait la revendication d'absolue souveraineté du désir individuel, trouve sans surprise son expression la plus aboutie dans les pratiques économiques, et spécialement celles de la finance à l'époque de la mondialisation. » *Ibid.*, p. 58.

27. *Ibid.*, p. 59-60.

28. *Ibid.*, p. 60.

Il oppose au « contrat », la dynamique mise à jour par la sociologie.

> « Ainsi le point de vue proprement holiste de la sociologie prend-il naissance non pas seulement dans l'idée d'un pouvoir de détermination de "la société" sur les individus, mais dans celle d'un supplément, d'une *excédence* du tout sur les parties. Il y a plus dans le tout que dans la somme des parties, et la coexistence des parties fait naître un supplément qui n'est pas inscrit dans leur simple collection[29]. »

Mais sur quoi fonder cette *excédence* ? Frédéric Lordon propose d'aborder la question avec une expérience de pensée qui permettra de dégager le principe à l'œuvre dans la réalité en se référant à Spinoza.

Spinoza nous emmène dans un domaine bien particulier : celui de l'affectivité. La société dépendrait de l'organisation de ses affects dont le mécanisme élémentaire serait la *similitude*[30].

Le premier affect social serait, nous dit en effet Spinoza, déterminé par l'*imitation*[31] entre les protagonistes qui se reconnaissent par leurs intérêts contractuels ; force commune qui les entraîne bien au-delà de leurs décisions propres. À partir de l'interaction sociale du contrat dite « horizontale », la dimension « verticale » résulterait de l'addition des forces

---

29. *Ibid.*, p. 61.

30. « Le mécanisme élémentaire de cette composition réside dans l'émulation dont Spinoza donne le principe en *Éth.*, III, 27 : "*Du fait que nous imaginons qu'un objet semblable à nous et pour lequel nous n'éprouvons aucun affect, est quant à lui affecté d'un certain affect, nous sommes par là même affectés d'un affect semblable*". » (*Ibid.*, pp. 63-64).

31. « *Le simple spectacle d'un individu humain quelconque, pourvu qu'il soit affecté, nous affecte immédiatement nous-même et d'un affect qui n'est pas autre chose que son affect à lui, pour ainsi dire "importé" en nous par émulation.* » (*Ibid.*)

individuelles, mais les surplomberait :

> « En réalité, on peut s'en faire une image très simple et très parlante : une vague. La Vague d'Hokusai par exemple. C'est bien de la masse liquide, du bas donc, que se forme la vague qui s'élève au-dessus de la masse, et vient, par passage du point de déferlement, la dominer d'en haut. Et telle est bien la singulière figure que dessine la transcendance du social, émergée "d'en bas" mais s'élevant au-dessus du substrat qui lui a donné naissance pour le dominer *comme* un "en haut", en une double dynamique ascendante-descendante où chaque moment capture l'un des termes : l'immanence est la phase ascendante, la transcendance la phase descendante[32]. »

Il s'ensuivrait une dynamique, qui prendrait donc son élan de l'identité des affects[33].

> « L'imitation des affects, lorsqu'elle se déploie à grande échelle, fait alors montre de propriétés puissamment génératives[34]. »

Le caractère ascendant et descendant de l'onde collective vient contrecarrer les rapports humains immédiats du contrat social qui, satisfaisant l'intérêt de chacun, sont aplatis sur le plan de l'horizontalité (dans l'image de l'onde ou de la vague).

---

32. *Ibid.*, p. 68.

33. « Et l'antagonisme se structure selon une dynamique qui mobilise les rendements croissants d'imitation : plus un certain parti, soutenu par les affects qui font sa force propre d'adhésion, a été adopté par un grand nombre d'individus, plus sa puissance d'émulation affective est grande, et plus il se montre capable d'induire de nouveaux ralliements. Les grosses coalitions défont les plus petites, si bien que, par étapes successives, il n'en reste qu'une : le groupe a alors entièrement convergé en un affect commun, support par exemple d'une certaine manière de sentir ou de juger. » *(Ibid.*, p. 64).

34. *Ibid.*, p. 64.

> « De ces transformations qualitatives, on a donné le principe : l'excédence. La transcendance immanente est précisément ce supplément qui naît des synergies affectives sur de grands nombres, là ou les petits nombres, satisfaisant la condition synoptique, peuvent espérer conserver la pleine maîtrise de leurs productions collectives[35]. »

Nous savons en quoi consiste le dynamisme horizontal à sa source : *l'intérêt* des individus ; mais le dynamisme vertical est-il toujours de même nature ? C'est à Durkheim que Frédéric Lordon donne la parole :

> « Même l'obligation la plus locale ne tient que par l'effet d'une force globale qui lui est extérieure, la force propre du social, cela même que Durkheim nomme la puissance morale de la société – l'autre nom de la transcendance immanente. Il est bien vrai que la science sociale commence avec le nombre trois, c'est-à-dire avec la présence du tiers entre les co-contractants isolés de toutes les robinsonnades. Un tiers d'importance en vérité puisqu'il s'agit de la société elle-même, réservoir de forces incommensurablement supérieures à celles des individus, et qui peut seule les tenir à des engagements que le simple jeu des volontés, c'est-à-dire le plus souvent des intérêts, rendrait d'une parfaite instabilité[36]. »

La force morale de la société ne descend donc pas du ciel. Elle naît des seuls rapports terrestres, et parce que le *collectif* surplombe l'*individuel.*

> « Mais cette force, c'est celle même de l'affect commun, alias la puissance de la multitude, principe de tous les valoirs et de toutes les efficacités normatives. La force

35. *Ibid.*, p. 74.
36. *Ibid.*, p. 75.

du vertical ascendant-descendant, qui tient en réalité les individus à ce à quoi ils croient, quand ceux-ci pensent ne tirer leurs valeurs que de leur propre fonds. Ainsi les projets d'horizontalité persistent-ils à ne pas voir que leurs conditions morales de possibilité mêmes leur sont fournies par la verticalité qu'ils s'obstinent à dénier. Si locale en soit la réalisation, l'obligation qui tient des individus à un commun participe consubstantiellement de cette verticalité en tant que fait moral[37]. »

Nous retiendrons l'idée qu'entre les contractants émerge un *tiers* qui est doué d'une force morale, et que ce tiers est attribué au collectif. Néanmoins, puisque les individus sont censés être des sujets identiques du fait de défendre tous leur intérêt propre, et le collectif être la résultante de leur sympathie individuelle, ils sont unifiés par le même affect des uns et des autres selon le principe proposé par Spinoza : *l'imitation*.

Nous avons à élucider le fait que l'affect soit Un, et que l'on puisse en parler comme l'affect de la multitude. Et que le sentiment de la multitude retentisse sur celui de l'individu. Que le malheur des autres nous affecte et produise notre compassion…

Que cet affect collectif puisse naître de l'addition des affects individuels n'est en effet pas évident.

L'affectivité apparaît à l'intersection du monde intérieur du vivant et du monde extérieur à celui-ci. Il n'est pas de sentiment, d'émotion ou de sensation qui ne soit, en effet, fabriqué dans le cerveau, à la confluence des informations du corps, de la vie donc, et du monde ; celles-ci rapportées par les organes des sens, bien que nous n'ayons aucune sensation de l'existence même de notre cerveau. Qu'on les attribue à

---

37. *Ibid.*, pp. 76-77.

des esprits, à des anges, à la Nature ou Dieu, les affects ne sont que les manifestations complexes d'une seule et même substance que l'on peut dire la « chair de l'univers ».

L'affectivité est Une tout en étant infiniment différente en chaque instant, et singulière puisqu'aucun être ne saurait se nommer du nom d'un autre être ; au point que l'on peut dire que l'idée d'un être est la forme de son affectivité. Et nul, dès lors, ne peut savoir ce qu'il en est pour tout autre que lui-même.

Les neurosciences confirment aujourd'hui que l'appréhension affective des événements nous concernant est plus rapide que leur représentation objective, et pas seulement au niveau de la perception : toute représentation conceptuelle est précédée d'une réaction affective comme si elle ne servait que de sa reconnaissance ou de sa confirmation. C'est donc justice de rappeler la thèse de Baruch Spinoza : *l'idée est la forme que se donne l'affect*. Mais Spinoza soutient ensuite que la transmission des affects des uns aux autres est possible lorsqu'il sont identiques, ce qu'il appelle *similitude*. Ainsi, l'accumulation du même affect par la multitude conduirait à la suprématie de celui-ci.

Mettre en doute la pertinence de cette explication causale n'empêche pas que les hommes puissent éprouver un *affect commun*, mais le fait exige alors un autre fondement. C'est alors à l'*analogie* que l'on peut avoir recours pour expliquer la similitude de comportements présumés avoir une valeur ou un sens identique.

L'analogie corrèle l'expression d'un affect à celle d'un affect d'autrui équivalent, grâce à la communication. L'analogie est un ressort important de la transformation des réactions instinctives, la peur par exemple, en comportements collectifs. Mais elle peut aussi associer une sensation biologique mémorisée et un sentiment spirituel.

Dans les communautés primitives qui ne disposent pas encore de syntaxe grammaticale, l'image sensible est un recours nécessaire pour dire son sentiment (mais non pas l'inverse !). Le sentiment spirituel naît de façon indépendante des expériences sensibles à l'origine de ses images, et c'est au travers du langage que se produit la corrélation entre expériences spirituelles.

Comment, à partir de cette indépendance, le sentiment spirituel peut-il conduire à des comportements communs ? Le sentiment doit être commun dès son origine, autrement, comment pourrait-il être reconnu par autrui lors de sa manifestation ? La communauté peut être appelée *multitude*, mais il est indispensable de préciser que la multitude ne saura jamais produire de sentiments communs si elle n'est pas organisée de façon à ce que ses relations engendrent des sentiments communs. La multitude ne peut produire un sentiment spirituel comme la compassion[38] ou la pitié que si elle l'engendre comme référence commune.

Dès lors, le plan de l'horizontalité ne sera le socle de la verticalité de l'*imperium* que grâce à la relativisation mutuelle des sensations issues de la passion et de l'action des uns vis-à-vis des autres, relativisation qui donne naissance à l'*affectivité* dont procède le sens de l'action et de la passion, pour tout un chacun. Et la réciprocité est le moyen, et le seul, qui permette à tous de ressentir en même temps qu'autrui la même chose ou à peu près la même chose : ces valeurs de référence sont mobilisées lors d'événements qui frappent la conscience de la multitude parce qu'elles ont été au préalable construites

38. La compassion est un choix heureux de Spinoza puisqu'elle est le premier des sentiments évoqués par l'étymologie du mot *réciproque*, du moins dans sa version grecque : le mot réciproque se dit *antipeponthos*, du verbe *antipasquein* qui signifie souffrir (*pasquein*) à son tour ou face-à-face (*anti*).

simultanément et spontanément dans la réciprocité.

Mais la définition de la *multitude* de Frédéric Lordon, si elle ne fait pas l'impasse sur l'idée d'une structure génératrice du sentiment commun, ne la précise pas.

> « La multitude comme concept philosophique dit génériquement le réservoir de puissance du monde social, et l'on pourrait même dire le réservoir de puissance *qu'est* le monde social. Hors de toute autre considération, des hommes en réunion offrent un rassemblement de puissances potentiellement constitutif d'une puissance collective qui aura tout pouvoir morphogénétique sur l'ensemble qu'ils forment[39]. »

39. Lordon, *Imperium, op. cit.*, p. 103.

II

Binarisme affectif et Ambivalence

Lorsque Frédéric Lordon dit que « les hommes en réunion offrent un rassemblement de puissance collective qui aura tout pouvoir morphogénétique sur l'ensemble qu'ils forment », à moins de définir la *puissance* comme excluant *l'intérêt* propre des uns ou des autres, ou encore de préciser que la *puissance* en question est la *raison* qui appartiendrait à tous *a priori* et dont la mise en commun érigerait la liberté commune, on peut et doit craindre que selon son *organisation*, comme on disait autrefois, la *multitude* donne naissance à des puissances de nature différente...[40].

En effet, on ne peut nier que de façon récurrente les hommes entrent en lutte les uns contre les autres, et que le plus fort l'emporte sur le plus faible. Frédéric Lordon s'interroge donc sur les « disconvenances de la verticalité » ou dysfonctionnements de la sympathie. Les groupes se forment par similitude et, par voie de conséquence, observe-t-il, en s'opposant à ceux qui se sont groupés également pour la promotion de leurs intérêts, et qui sont aussi mus par une « sympathie de compassion mutuelle ». D'où des identifications sociales différentes.

40. On ne peut pas ignorer que la similitude des affects a été largement exploitée par le fascisme.

« Dans un conflit bilatéral, le spectateur prend le parti de celui des deux qu'il estime le plus semblable à lui, et le mécanisme d'imitation des affects est dirigé selon un principe d'affinité par similitude. Le tort qui est fait à ce "plus semblable" suscite en lui une tristesse qui n'est pas autre chose que l'émulation de la tristesse de cet autrui (littéralement) sympathique[41]. »

L'affect du plus faible se transforme de plaisir en peine, ou de joie en tristesse. Aussi Spinoza envisageait-il un binarisme affectif dont le principe serait le couple douleur-plaisir. Ce binarisme ne se concilie avec l'Un de l'affectivité (son caractère absolu) que si l'ambivalence est la structure fondatrice de l'économie des affects. Mais de quelle nature est l'ambivalence ? L'ambivalence serait constituée de deux forces contraires : l'une de convergence, l'autre de divergence, répond Frédéric Lordon. Le rapport du couple joie-tristesse (ou plaisir-peine) et du couple convergence-divergence s'établit de la façon suivante : la joie qui accompagne le *conatus* des uns ne se transforme en tristesse que s'il est réduit à l'impuissance par le *conatus* des autres. Si tous les êtres s'épanouissaient sans disconvenance, ils ne connaîtraient que l'affect de la joie.

Manifestement, le binarisme épouse donc l'ambivalence, mais est-ce à dire que l'affect joyeux épouse la convergence, et l'affect triste la divergence ? Les affects seraient-ils tributaires de forces sous-jacentes déterminant leur répartition selon leur logique propre ?

Le deuxième point de notre questionnement porte sur la conciliation du *binarisme affectif* et de *l'ambivalence logique*. Le plan de l'horizontalité ne rassemble plus tous les hommes par l'identité de leur affect. Ce sont des blocs qui sont liés entre

41. Lordon, *Imperium, op. cit.*, p. 64.

eux mais de façon ambivalente par une force de convergence – celle qui était jusque-là opératoire dans l'expérience de pensée –, mais également par une force de divergence : deux forces, donc, centripète et centrifuge, comme si le contrat associait les intérêts par l'identité de leur égoïsme mais les opposait, du fait que d'être justement égoïstes ils s'opposent en étant concurrents.

> « Les hommes [sont] réunis mais par blocs distincts. Soit des compositions s'opérant mais jusqu'à un point où s'équilibrent les forces antagonistes de la convergence et de la divergence. La fragmentation du monde – fragmentation et non pulvérulence – est donc le symptôme d'une ambivalence, d'un conflit stabilisé de tendances contraires. Cette ambivalence, c'est celle même du rapport de l'homme à l'homme. Qui, nous dit Spinoza, lui est un dieu aussi bien qu'un loup. Voilà les deux forces concurrentes qui décident de la morphologie élémentaire de la multitude humaine en groupements finis distincts[42]. »

Frédéric Lordon emprunte à Spinoza cette image : l'homme est pour l'homme simultanément loup et dieu[43].

Selon Spinoza, en effet :

> « "*Si les hommes ne s'entraidaient pas mutuellement, l'art et le temps leur feraient défaut pour se maintenir et se conserver par leurs propres moyens. Tous, en effet, ne sont pas également aptes à tout et aucun homme pris isolément ne serait capable de se procurer ce dont un homme seul a grand besoin*"[44]. »

---

42. *Ibid.*, p. 80.

43. « La pluralité des groupements finis s'impose donc comme la solution d'équilibre entre tendances centripètes et tendances centrifuges, également présentes dans les possibilités de la vie passionnelle humaine – sous les figures du dieu et du loup. » *Ibid.*

44. *Ibid.*, p. 81 (cf. Spinoza, *Traité théologico-politique*, V, 7).

C'est un point qui suscite toujours une polémique très vive entre ceux qui estiment que les hommes pensent par eux-mêmes avant que de penser avec autrui, et prenant conscience de leurs limites calculent que le secours d'autrui leur est nécessaire – ce que Aristote appelait la *philia utile* –, et ceux qui pensent que la relation de réciprocité est un préalable pour donner sens à leur pensée commune – la *philia vraie*.

Paul Ricœur, par exemple, soutient la première thèse, et entend même interpréter Aristote dans ce sens.

> « Ce besoin [d'autrui] tient non seulement à ce qu'il y a d'actif et d'inachevé dans le vivre-ensemble, mais à la sorte de carence ou de manque qui tient au rapport même du soi à sa propre existence[45]. »

À partir de cet axiome, il conclut :

> « Quant à l'idée que seul un soi peut avoir un autre que soi […], elle trouve sa légitimité la plus proche dans l'idée que l'estime de soi est le moment réflexif originaire de la visée de la vie bonne. À l'estime de soi, l'amitié ajoute sans rien retrancher. Ce qu'elle ajoute, c'est l'idée de mutualité dans l'échange entre des humains qui s'estiment chacun eux-mêmes[46]. »

Ce point de vue fait basculer le « besoin d'amis » sous les conditions de l'individu. Nous avons discuté de cette question dans *La réciprocité et la naissance des valeurs humaines*[47].

---

45. Paul Ricœur, *Soi-même comme un autre,* éd. Seuil, Paris, 1990, p. 218.

46. *Ibid.*, pp. 219-220.

47. Dominique Temple & Mireille Chabal, *La réciprocité et la naissance des valeurs humaines,* L'harmattan, 1995. Pour pouvoir interpréter le texte d'Aristote lui-même, comme Paul Ricœur, il faut donner au verbe *sunaisthesthai* (penser ensemble) un sens particulier : il voudrait alors dire « penser avec soi-même ». Dans une note, Paul Ricœur précise : « Le verbe *sunaisthesthai,* ici employé (IX, 9, 1170 b 4), préfigure très

Selon notre thèse, la réciprocité est une relation entre la conscience de l'un et la conscience de l'autre, telle que leur résultante devient la référence autant de l'une que de l'autre. Puisque de *l'agir de l'autre* résulte le *subir de l'un*, la relation entre le *subir* et l'*agir* engendre pour chacun une conscience réfléchie sur elle-même, *conscience de conscience* qui est en même temps celle de l'autre ; autrement dit, qui donne sens à l'activité de l'un et de l'autre.

Cette thèse ne met pas en doute l'idée que l'individu ait un Soi ainsi qu'une conscience objective qui accompagne ses actions, mais que sa conscience soit subordonnée à ses objectifs alors qu'elle peut se déployer dans une relation de réciprocité où elle acquiert son indépendance vis-à-vis de ces limites, et une valeur universelle. Sans la réciprocité, le Soi reste rivé à la vie de l'homme mais ne satisfait pas à la définition « politique » de l'homme. Si le Soi était capable de se satisfaire lui-même, il serait, note Aristote, celui de Zeus[48] ; et s'il était privé de réciprocité, celui de la brute.

Si donc la réciprocité fait défaut ou si elle est défectueuse, la société peut certes souffrir de son manque, mais la réciprocité elle-même est fondée sur le besoin d'autrui qui ne signifie pas un manque. Le besoin d'autrui, la *chreia* d'Aristote, pas plus que *l'obligation* de Marcel Mauss, n'est sous la dépendance d'un désir de l'individu, mais de la

---

exactement le latin *con-scientia* ». (Ricœur, *op. cit.*, p. 218).

48. La parole religieuse affirme aussi que la réciprocité est le *fondement*. Lorsque le Dieu biblique (référence religieuse obligée pour les penseurs occidentaux) se crée en l'Homme, il se rend compte que le pouvoir de celui-ci de nommer tous les êtres de la création ne lui sert de rien vis-à-vis de lui-même. C'est alors qu'il crée à partir de sa moitié *l'autre* : Eve. Et la structure de réciprocité entre Adam et Eve est dite *à l'image* d'Elohim ; ce qui signifie que la structure divine qui sert de modèle à l'image est l'*entraide*, la réciprocité.

nécessité de *l'esprit*, qui pour se manifester requiert l'un et l'autre pour constituer sa matrice.

Les hommes s'assemblent, dit Aristote, pour s'entraider, mais donc pour un autre motif que celui de leur intérêt. L'*esprit* en est le motif. C'est de l'entraide que naît la faculté de la conscience de se nommer elle-même, et de se reconnaître comme révélation de sens pour toutes les actions qui peuvent s'intégrer dans cette relation. Aristote fait procéder le *noos* – l'esprit – de la réciprocité, et non, à l'inverse, la réciprocité d'un esprit de l'individu qui serait finalement donné en propre aux humains.

Quoi qu'il en soit, Frédéric Lordon fait intervenir entre les hommes deux dynamismes (convergence et divergence)[49].

---

49. « Les forces de convergence cependant ne s'arrêtent pas aux nécessités de la reproduction matérielle. Sous d'autres rapports également "rien n'est plus utile à l'homme que l'homme". Et les hommes se rapprochent sous le coup d'autres forces passionnelles. La plus puissante d'entre elles, on l'a vu, trouve son origine dans le mécanisme de l'imitation des affects puisque c'est lui qui est au principe du mouvement de la compassion (comme le suggère d'ailleurs son étymologie même). Si, en effet, le spectacle d'autrui affecté suffit à me faire éprouver par "émulation" un affect semblable, alors autrui attristé suscite en moi de la tristesse – cette tristesse même qu'on appelle pitié (*Éth.*, III, 27, Scolie). » Lordon, *Imperium, op. cit.*, p. 82.

« Cependant, en l'occurrence, le point important est ailleurs. Il est dans la réalité du mouvement que fait faire vers les autres le spectacle de leur affliction, force profondément sociale, même si elle opère d'abord localement, dans l'entr'affection des corps. Mais cette localité est très dépassable puisque, comme l'a montré le modèle de genèse conceptuelle, le mimétisme des affects est toujours susceptible d'un effet de contagion de proche en proche, par quoi se forment des rassemblements de plus en plus grands de personnes communément affectées, réunies par exemple en défense d'un tort particulier fait à quelqu'un. Là encore à même l'étymologie, l'imitation des affects soutient un principe de sympathie, qui connaît l'une de ses réalisations sous la forme de l'entraide, et porte les hommes les uns vers les autres. » *Ibid.*, pp. 83-84.

Si la force de convergence se heurte à la force de divergence, celle-ci proviendrait essentiellement de la différenciation des passions sous la forme de ce qu'il appelle *disconvenance*[50] produite par le tort que les uns peuvent faire aux autres.

> « Les passions, emportant par principe variations et diversité, ne sauraient offrir aucune garantie de convenance des hommes entre eux. Non pas qu'ils ne conviendraient jamais en rien : mais que, ainsi conduits, il leur est hors de portée de convenir *en tout* – "en nature". [...]
>
> En d'autres termes, il faudra faire avec l'ambivalence. Dont on ne trouverait d'ailleurs meilleur résumé que dans les possibilités les plus opposées du mécanisme élémentaire de l'imitation des affects. Car s'il peut être au principe de l'élan sympathique par émulation de la tristesse en pitié, il peut l'être tout autant de l'induction mimétique du désir et conduire les hommes à s'arracher des mains les uns des autres un certain objet quand celui-ci ne peut être possédé que d'un seul. Ou bien pousser à émuler la haine pour autrui d'un de nos semblables – ou que nous tenons pour tel. Soit le dieu et le loup enfermés ensemble dans l'unique opération du mimétisme des affects – et seule la situation concrète décidera duquel sortira de la boîte[51]. »

---

50. « La division du travail pour repousser de conserve la perspective du dépérissement, et l'entraide sympathique : voilà des figures du dieu que l'homme, même quand il n'est pas sous la conduire de la raison, peut être pour l'homme. Et pourtant sans préjudice du loup. Qu'il sait être également. Le droit naturel, cet autre nom du *conatus*, ne détermine par soi aucun type d'action univoquement. » *Ibid.*, p. 84.

51. *Ibid.*, pp. 85-86.

Renversement donc de perspective ! Le mimétisme anime autant sinon plus la *haine* que l'*amour*. Et s'il existe toujours un même principe, l'imitation, celui-ci a deux polarités antagonistes.

L'affectivité serait-elle constituée de deux affects opposés dont l'équilibre serait dès lors peu probable ?

Devant cette improbabilité, Spinoza doit faire pencher la balance dans un sens ou dans l'autre, et semble-t-il en faveur du *loup* puisque les hommes lui paraissent à l'image des loups qui se dévorent entre eux mais s'assemblent entre eux sous la conduite du dominant qui devient leur dieu.

> « Cependant l'ambivalence aux yeux de Spinoza n'est pas synonyme de symétrie, et l'affrontement des tendances centrifuges et centripètes n'est pas spontanément égal. Que les hommes "*ne conviennent pas en nature*", selon le mot de *Éth.*, IV, 32, entraîne à titre de quasi-nécessité qu'avec le temps viendra un moment où ils disconviendront, et ceci sans qu'on puisse préjuger ni de l'intensité de la disconvenance ni du nombre de ceux qu'elle va impliquer. On ne peut manquer de remarquer de quelle manière le *Traité Politique*, qui, lui, empoigne directement la question des formes de la coexistence collective, radicalise le propos de l'*Ethique* et brise la symétrie apparente qu'on pouvait être encore tenté d'y lire : "*Dans la mesure même où les hommes sont tourmentés par la colère, l'envie, ou par quelque autre affect de haine, ils sont l'objet d'entraînements contradictoires, s'opposent les uns aux autres, et en cela sont d'autant plus redoutables qu'ils sont plus puissants, plus habiles, et plus rusés que les autres animaux. Et puisqu'ils sont pour la plupart soumis par nature à ces affects, les hommes sont donc par nature ennemis*"[52]. »

52. *Ibid.*, pp. 86-87.

Et Frédéric Lordon de constater :

> « Chacun cherche à rejoindre le groupe le plus puissant qui lui promet les meilleures garanties de protection, si bien que par éliminations successives, le nombre des blocs diminue, tandis que leur taille croît, jusqu'à ce qu'il n'en reste qu'un[53]. »

Nous sommes déçus cependant par cette conclusion, il faut bien le dire, car certaines évocations promettaient des concepts nouveaux : *l'émergence* et *l'excédence*, et surtout *l'ambivalence* qui introduisaient de fait un Tiers, Un, indivisible, absolu, irréductible, apprécié comme l'axe de détermination du comportement social, et dont dépend la puissance souveraine – l'*Imperium* –, Tiers un instant appelé force morale !

Comment l'affect social, qui peut à l'origine être celui d'une passion des uns et des autres, devient-il une « force morale » ? Celle-ci préexisterait-elle et s'accumulerait-elle par la *similitude* en une force collective ?

53. *Ibid.*, p. 88.

III

Ambivalence et Antagonisme

Résumons notre réserve : l'affect est Un, et s'il émergeait de la multitude par effet d'accumulation des affects individuels de peur, d'envie, de désir ou d'amour… pourquoi n'émergerait-il que de leur similitude et pourquoi pas de leur différenciation, plus précisément de la corrélation des différences[54], ou encore d'un juste milieu entre la divergence et la convergence – « Tiers » qui soit le produit de leur relativisation mutuelle au sein de la réciprocité ?

Au point où Frédéric Lordon parvient lorsqu'il reconnaît l'*antagonisme* de la convergence et de la divergence – dans ce qu'il appelle *l'ambivalence* de l'homme *dieu* et *loup* – pourquoi ne fait-il pas de *l'antagonisme* la matrice de la *relativisation de ces deux contraires* ? Au lieu de cela, il recherche un problématique équilibre entre deux forces qui ne se relativiseraient pas l'une l'autre mais demeureraient irrésistiblement fixées à leur polarité, impuissantes à devenir autres que ce qu'elles sont, en

---

54. Car on pourrait montrer que la différenciation des individus entre eux est aussi sinon plus efficace pour déterminer le comportement des uns et des autres. Chaque génération, par exemple, s'oppose à la précédente plus qu'elle ne tente de lui ressembler. À l'intérieur de la même fratrie, le processus de différenciation est plus fort que le processus d'identification, et l'exogamie est de loin plus puissante que l'endogamie, ce qui nous conduit à l'unité organique des êtres vivants et au holisme sociologique bien plus sûrement que l'identité des affects.

vertu d'un *principe de non-contradiction* que postule la logique avec laquelle les choses sont appréhendées, non pas en termes d'affect (joie, tristesse, peine, plaisir…) mais de connaissance (divergence, convergence). À réfuter le *principe de contradiction de la logique* pour faire droit à *l'absolu de l'affectivité,* pourquoi ne pas réfuter tout autant le *principe de non-contradiction* qui soumet *plaisir* et *peine, joie* et *tristesse* à la polarité exclusive et non-contradictoire de la *convergence* ou de la *divergence* ? La distinction de *l'ambivalence* et de *l'antagonisme* sera le troisième point que nous tenterons de préciser.

La *multitude* est une *organisation,* dit Frédéric Lordon, et par *organisation* s'entend ce que Spinoza appelle *corps.*

> « *"Les corps se distinguent les uns des autres en raison du mouvement et du repos, de la vitesse et de la lenteur, et non pas en raison de la substance"* (*Éth.,* II, Lemme I). Sans doute Spinoza pense-t-il d'après la grammaire mécaniciste propre à la philosophie naturelle de son temps, et l'esprit du XXIe siècle trouve spontanément à redire à l'idée de penser les corps par *"le mouvement et le repos".* Mais la réduire à un mécanicisme serait assurément enfermer la pensée de Spinoza dans un cadre qu'en vérité elle excède. Car l'idée d'une communication du mouvement et du repos n'a rien d'essentiellement mécanique – c'est d'ailleurs bien la nature de cette communication dans les corps politiques qui se chargera de le confirmer : si les corps humains, parties du corps politique, se communiquent mutuellement leurs mouvements, ça n'est évidemment pas par contact physique, mais par voie d'entr'affections et d'affects. En tout cas, un corps n'est pas une substance : il est une union de parties, composées sous un certain rapport, tel qu'il organise une cohérence d'ensemble de mouvement et de repos[55]. »

55. Lordon, *Imperium, op. cit.,* pp. 137-138.

Si *l'entr'affectivité* est une affectivité commune par identification des affectivités singulières, il est clair que les corps individuels trouvent à s'identifier dans un corps social ou politique par la médiation de *l'organisation* de ses mouvements. Mais que signifie *l'organisation* ?

Frédéric Lordon relève :

> « Ce qu'est plus précisément ce rapport en quoi consiste l'essence d'un corps, Spinoza ne le dit pas – à part qu'il est un rapport de corrélation de mouvement et de repos. Mais la "petite physique" fait quelques ajouts décisifs pour entendre ce qu'il en est des corps. En premier lieu, bien sûr, ceci qu'un corps se maintient par, et par-delà, le renouvellement de ses parties (Lemme IV). Ensuite qu'il reste également le même au travers du processus de sa croissance (Lemme V). Enfin que l'identité de ce corps tolère qu'il prenne une multiplicité de figures (Lemme VII)[56]. »

On comprend que, du temps de Spinoza, la vie était conçue d'un point de vue homéostatique, car on croyait que le vivant était donné tel quel par la nature, et donc contraint à se reproduire identique à lui-même à partir de la procréation qui renouvelait ce que la mort détruisait, et à partir de la croissance qui épanouissait le programme de la semence jusqu'à son complet développement par la corrélation de forces complémentaires, ces deux fonctions ayant pour raison la pérennité des formes vivantes données *a priori*. Cependant, si l'on parle de *corrélation* de mouvement et de repos, c'est que l'on perçoit que le mouvement et le repos ne sont pas des opposés corrélatifs ou complémentaires, mais bien des *contraires*. Et nous aurons à préciser cette différence.

---

56. *Ibid.*, p. 140.

La découverte de l'évolution a modifié au XIXe siècle l'idée que les êtres soient donnés par la nature selon leur forme idéale, et l'on a compris que cette forme idéale était en perpétuelle transformation sans que l'on ait pu encore remonter au principe de l'invention des formes vivantes, de sorte que la vie paraissait toujours une organisation complexe de forces élémentaires.

Mais au XXe siècle, la cause est entendue : si l'énergie est une dynamique de la nature qui signifie l'homogénéisation de l'univers, les formes de la matière manifestent une dynamique antagoniste de différenciation[57]. La vie obéit à un autre moteur que l'*homéostasie*, laquelle n'apparaît plus que comme un mode d'autodéfense des formes différenciées qui protègent l'acquis de l'évolution comme condition d'une différenciation supérieure. L'homéostasie ne peut plus prétendre définir à elle seule le corps. L'essence de celui-ci se rapporte à ce que Stéphane Lupasco s'amusera à appeler l'*hétérostasie*[58], c'est-à-dire la dynamique de différenciation de l'organisme[59]. Mais comment et pourquoi telle combinaison d'interactions matérielles établit la forme d'un papillon ou d'une chauve-souris ? C'est une question qui demeure hors d'atteinte de tout raisonnement parce que c'est l'inventivité pure qui caractérise cette énergie de la vie.

---

57. Le principe d'exclusion de Pauli (1925) fut découvert d'abord pour les électrons. Il fut aussitôt généralisé.

58. Cf. Stéphane Lupasco, *L'énergie et la matière vivante* [1962], rééd. Le Rocher, Monaco, 1986.

59. L'*hétérostasie* atteint une puissance difficile à entrevoir puisque le nombre de combinaisons possibles entre les terminaisons nerveuses d'un individu humain est d'un ordre de grandeur comparable à celui des atomes d'hydrogène de l'univers, sachant que 80% de la masse de l'univers est constitué d'atomes d'hydrogène…

Frédéric Lordon s'en tient donc à une tradition ancienne lorsqu'il dit :

> « C'est bien pour persévérer dans l'être sous la forme la plus basale de la reproduction vitale que les hommes sont poussés à se rapprocher les uns des autres et à stabiliser leurs regroupements. Argument présent dès les toutes premières philosophies du politique, il est impossible que l'homme pourvoie seul à l'intégralité de ses besoins, aussi la division du travail s'impose-t-elle à la fois comme solution fonctionnelle et comme principe de solidarité intéressée. Ce sont donc d'abord le sentiment de la précarité individuelle et les inter-dépendances matérielles qui tiennent les hommes ensemble[60]. »

On peut contester que la présence de cet argument soit décisive dans toutes les philosophies politiques, en particulier dans la philosophie politique aristotélicienne qui voit l'entraide des hommes (la réciprocité) comme nécessaire à la genèse du *noos* (l'esprit, la conscience humaine, la conscience réfléchie sur elle-même qui se constitue en éthique). Certes, Aristote reconnaissait l'argument sous le nom d'*amitié utile* (qu'il redoublait de celui qui fait droit à l'imitation du plaisir, qu'il nommait *l'amitié agréable*), mais pas comme une cause essentielle, qu'il réservait à *l'amitié vraie*.

Il est logique, par ailleurs, comme le dit Frédéric Lordon, que les « communes » soient heureuses de bénéficier des infrastructures qu'elles ne pourraient construire seules et qui leur sont allouées par l'État-nation, ou de la protection contre l'ennemi qui nécessite une force supérieure à celle de celui-ci et que peut seul assurer l'État ; mais ce qui est en question, c'est la motivation première de l'organisation de la cité.

60. Lordon, *Imperium, op. cit.*, p. 166.

L'idée que les hommes s'associent pour faire face à la précarité est également contredite par l'observation des sociétés archaïques et des êtres vivants. Les êtres vivants sont toujours pourvus de tout ce qu'il leur est nécessaire : la vie s'approprie l'énergie physique qu'elle transforme en énergie biologique, et ne manque donc jamais d'être à l'initiative du rapport avec le monde qu'elle considère comme sa matière première de façon dominatrice et non pas dominée. Pour faire face à leurs prédateurs, certaines espèces s'inventent des structures collectives, comme les oiseaux qui s'amassent en vols compacts pour désorienter les rapaces. Mais de façon plus profonde, les vivants exploitent leurs activités de façon complémentaire pour créer des organisations complexes aptes à des différenciations plus extraordinaires, comme les êtres unicellulaires qui s'assemblent pour former des organismes. Et, dans ce cas, la forme nouvelle est définie par des propriétés irréductibles à celles des parties – ce qui justifie le concept holiste de la sociologie « biologiste ».

Enfin, l'observation anthropologique a relativisé l'idée que l'homme primitif soit un pauvre errant sur la terre cherchant son prochain pour qu'il l'aide à se prémunir du danger ou de la misère. Les sociétés archaïques nous ont appris qu'elles sont des sociétés d'abondance, au point que certains ethnologues pensent que l'abondance fut telle, dans les sociétés primitives, qu'elle fut le frein principal à l'investissement et à la croissance économique[61]. Il n'est dès lors plus possible de s'en remettre à cette conclusion : « Ce sont donc d'abord le sentiment de la précarité individuelle et les interdépendances matérielles qui tiennent les hommes ensemble ».

---

61. Cf. Marshall Sahlins, *Stone Age Economics* [1972]. Trad. fr. *Âge de pierre, âge d'abondance*, Gallimard, Paris, 1976.

L'argument ne vaut qu'en cas de désordre ou de catastrophe naturelle et de dysfonctionnement ou de malheur, mais ne peut être considéré comme le moteur de la civilisation sans autre forme de procès.

IV

Détresse et Révélation

On a compris que l'*imperium* de la multitude manifeste un affect collectif dont le caractère absolu s'impose à tous et détermine une unité de comportement qui s'institutionnalise dans les corps constitués de la famille, de la commune, de la nation, et qui s'exprime sous forme de valeurs de référence emmagasinées dans la mémoire que l'intelligence peut à tout instant mobiliser lorsque les conditions deviennent propices à leur usage. Et l'on peut même dire que le sentiment familial ou le sentiment communal ou le sentiment national peut osciller entre deux extrêmes – dits métaphoriquement, l'amour et la haine – l'un lié à l'autre puisque, selon ce schéma, si l'on aime les siens, on est censé détester les autres.

> « Et puis surtout, comme on l'imagine aisément, c'est de ressorts passionnels tout autre que matériels que se soutient l'appartenance nationale. Mais lesquels ? Spinoza a le don de nous faire revenir aux choses élémentaires, à l'os. Ici donc : l'amour de soi, la haine des autres[62]. »

Ce schéma simple et longuement commenté par Frédéric Lordon, qui rappelle que la *haine* n'est pas le motif initial mais la conséquence de l'*amour,* du moment où le premier amour serait l'amour de soi – l'amour-propre –, illustre une

62. Lordon, *Imperium, op. cit.*, p. 168.

conception qui reconduit au primat de l'*ipséité*.

> « Cet affect commence à l'échelle individuelle, Spinoza le nomme "satisfaction de soi-même" (*acquiscentia in se ipso*). Il s'agit tout simplement de l'amour-propre. L'esprit se réjouit quand il se considère lui-même ainsi que sa puissance d'agir (*Éth.*, III, 53). Et cette joie s'augmente mimétiquement (*Éth.*, III, 27 à 30) quand l'individu "imagine qu'il est loué par les autres" (*Éth.*, III, 53, cor.). S'il est loué, c'est qu'il a été cause de la joie des autres, cette joie fait alors la sienne par mimétisme (*Éth.*, III, 27), et s'y ajoute l'imagination d'en être la cause, aussi "se contemple-t-il avec joie" (*Éth.*, III, 30)[63]. »

Et donc :

> « Le groupe national s'offre alors comme démultiplicateur de l'*acquiscentia in se ipso*, en donnant l'occasion de s'aimer soi-même collectivement, et aussi individuellement, davantage, par la participation imaginaire aux accomplissements du groupe[64]. »

Mais on peut opposer à cette thèse que, dès l'origine, le Soi est un sentiment d'humanité qui exige que tous les hommes soient hommes par la conscience d'être homme à partir de leur relation de réciprocité, et non à partir de l'amour-propre. Nous en avons discuté du point de vue philosophique en nous référant à Paul Ricœur et Aristote, et c'est d'un point de vue anthropologique que la question doit être ici reprise.

L'anthropologie reconnaît que la première communauté humaine est immédiatement une communauté spirituelle. Tout récemment encore, elle en découvrit un exemple

63. *Ibid.*, p. 173.
64. *Ibid.*, pp. 173-174.

saisissant : dans les années 1970, au Brésil, des missionnaires, avertis par leurs protégés indigènes que des fumées au loin sur la forêt indiquaient la présence d'hommes inconnus, organisent une mission à la recherche de ces êtres mystérieux et les rencontrent pacifiquement. Cette communauté, retranchée du monde pour avoir refusé tout contact avec la colonisation, s'est construite au cœur de l'Amazonie, protégée par les méandres des grands fleuves. Elle a dû inventer son humanité à partir de ses propres moyens. Elle vit donc en autarcie mais elle est organisée. Le principe de cette organisation est la réciprocité dans toutes ses activités.

Laissons de côté le principe sur lequel nous reviendrons plus tard pour aller à une observation surprenante. C'est la vie spirituelle qui consume les trois quarts de l'existence de ces hommes, et le rituel occupe six bons mois de l'année. Le temps se partage entre la confection des parures et peintures corporelles renouvelées chaque jour, les danses rituelles, les repas cérémoniels et les chants hiératiques[65]. Il est vrai que l'on a découvert, depuis lors, deux autres sociétés tout autant retranchées, et que l'une des deux, réfugiée sur un versant stérile des Andes, ne trouvait plus dans son ultime réduit de quoi survivre. Dans ces conditions, qui leur sont imposées par l'avancée de la colonisation et la destruction de la forêt, on retrouve la *peine* et la *tristesse*.

Ces exemples continuent de vérifier les études de

---

65. Cf. Bartomeu Melià, *Estancia entre los Enawenê-nawê del Mato Grosso*, Brasil (1977-1980) : « Un des rituels principaux des Enawenê-nawê, appelé *Yaokwa* ou « Fête des Esprits », dure plusieurs mois. Ce rituel fut reconnu par L'UNESCO comme Patrimoine Culturel Immatériel de l'Humanité en 2011 » Cf. Centro Cultural Juan de Salazar, Asunción del Paraguay, 2016. Voir à ce sujet le film documentaire de Virginia Valadão : « *Yãkwá o Banquete dos Espíritos* », Centro de Trabalho Indigenista, São Paulo, 1995.

l'anthropologie moderne (depuis Malinowski), que Marshall Sahlins a résumé sous le titre *Stone Age Economics,* où il apparaît que la moyenne de temps réservé aux conditions matérielles de la vie dans les sociétés primitives ne dépasse pas trois heures par jour[66].

Les sociétés archaïques peuvent être prises comme symboles des sociétés primitives. Celles-ci sont des sociétés dont la consommation est assurée par la nature, et qui recherchent autre chose que l'accumulation de richesses ou de pouvoir, peut-être même seulement l'*au-delà*[67] – ce pourquoi chants, danses, peintures deviennent des expressions esthétiques.

L'imagination sur laquelle Frédéric Lordon établit la primauté d'un affect collectif qui serait dû à la contrainte de conditions d'existence difficiles n'est donc pas décisive. Mais l'idée demeure qui garde une certaine valeur. Après tout, il suffit de découvrir quel motif plus solide que la *peine* pourrait soutenir la vie ensemble. Mais si ce n'est pas la peur ou la contrainte de l'indigence, quel est ce motif ?

Claude Lévi-Strauss précise qu'une conscience capable de dire de façon à la fois positive et négative une loi de la nature se l'approprie dans son concept. À l'aube de l'humanité, cette négation fondatrice est la *prohibition de l'inceste,* qui permet de prendre possession d'une loi de la nature : l'exogamie. L'exogamie relativise l'homogène par l'hétérogène, l'identité par l'altérité, la convergence par la divergence, l'étendue par le mouvement, de sorte que la résultante de ces contraires soit une affectivité en soi *contradictoire* qui devient réfléchie sur elle-même grâce à la

66. Cf. Sahlins, *op. cit.*

67. Cf. Dominique Temple, *Le Quiproquo Historique* [1992], Collection *réciprocité,* n° 12, 2018.

réciprocité, et commune aux uns et aux autres puisque nécessairement engendrée autant par les uns que par les autres ; un sentiment que Frédéric Lordon appellerait *d'appartenance* à une *humanité commune*.

Ce mot *humanité* signifie une conscience capable de se nommer elle-même sans référence à rien d'autre qu'elle-même : « Nous les hommes » (c'est le nom de la communauté des *Enawenê-nawê* dont nous venons de parler). Mais ce « Nous voici les hommes » est le nom d'origine de toutes les communautés du monde !

Tous les sentiments communs naissent spontanément de la situation contradictoire entre la *crainte* et l'*envie*, que Lévi-Strauss a illustrée dans son analyse du principe de réciprocité après l'avoir constaté lors de la rencontre de deux bandes d'indiens *Nambikwara* du Brésil, qui trouvèrent à exprimer leurs sentiments communs libérés des exigences biologiques grâce à la Parole (à la parole silencieuse de l'*offrande* d'abord, puis celle du *nom*)[68].

Le langage ne sait faire rien de plus urgent et nécessaire que d'ordonner immédiatement la reproduction des conditions de son existence : la Loi institue la réciprocité dans toutes les activités ayant une dimension sociale (les *prestations totales*).

Cette puissance du langage autorise une autre évolution que celle imaginée par Spinoza à partir de l'*imitation*. Non que l'analogie ne joue pas un rôle important mais subordonné à l'émergence des concepts. Les sensations spirituelles et les concepts sont communs par nature parce qu'ils sont

---

68. Cf. Claude Lévi-Strauss, « La vie familiale et sociale des indiens Nambikwara », *Journal de la société des américanistes*, n° 37, Paris, 1948. Lire à ce sujet, de Dominique Temple, *Lévistraussique. La réciprocité et l'origine du sens* [1997], Collection *réciprocité*, n° 6, 2017.

engendrés *a priori* dans la réciprocité, et n'ont pas besoin de devenir communs et de s'associer par similitude parce qu'ils seraient d'abord individuels[69].

Le premier corps social (la parenté), qui résulte de la réciprocité ente deux familles biologiques, révèle que le principe de réciprocité se décline en plusieurs structures élémentaires : l'*alliance*, matrice du sentiment d'amour, pour reprendre la terminologie de Spinoza, mais dans un sens différent puisqu'il ne s'agit pas de convoitise pour un objet[70] ; la *filiation,* à l'origine du sentiment de responsabilité ; la *fraternité* et la *redistribution* liée à la fonction paternelle. Chacune de ces structures de base est la matrice d'une valeur éthique spécifique.

Voilà donc que les valeurs fondamentales naissent spontanément et universellement de la première entité sociale fondée par le principe de réciprocité : la bienveillance ou la *philia*, la confiance, la responsabilité et la justice sont données ensemble, constituant le patrimoine éthique de tout homme naissant au sein d'une famille « humaine ». Il n'est donc pas

---

69. Au temps où la syntaxe n'est pas encore constituée, on peut présumer que tout sentiment créé dans le champ de la réciprocité n'a d'autre recours pour se faire entendre que les sensations primitives recueillies par la mémoire de l'espèce (la chaleur, la lumière…) et d'autres moyens que celui de faire référence aux causes qui y sont associées (le soleil, le jour…). Il est logique que les consciences affectives trans-individuelles issues de la réciprocité se servent des sensations biologiques comme signifiants bien que dès le principe elles soient libérées des instincts biologiques, mais il n'en reste pas moins que le sentiment premier auquel s'attachent les communautés humaines est celui de la révélation de leur conscience comme souveraine liberté de se penser comme un au-delà (le Tiers).

70. Pour Spinoza, « *L'Amour est une Joie qu'accompagne l'idée d'une cause extérieure.* » (*Éth.*, III, Déf. VI). Cf. *Éthique,* éd. du Seuil, Paris [1988], rééd. 2010, p. 323.

besoin ici du mimétisme pour expliquer que les hommes se reconnaissent à ces valeurs puisqu'elles leur sont communes.

Leur synthèse est une affectivité Une : celle de l'appartenance au corps social institué, qui, s'il connaît une frontière naturelle dans le langage de parenté, n'en est pas moins ouvert et coordonné à celui des autres parentés par le principe exogamique, qui surpasse la réciprocité bilatérale (restreinte) avec le *mariage matrilatéral,* puis avec la *parenté généralisée*. Par la suite, l'autarcie des communautés de parenté sera dépassée par le commerce et le « marché de réciprocité »[71]. C'est sans discontinuité que l'on passe de la communauté, circonscrite par le langage de parenté, à la société définie par le contexte des modalités d'existence et des technologies, ou encore par leur langue lorsque les peuples sont séparés les uns des autres par des obstacles naturels infranchissables.

Certes, l'affectivité d'un *corps* est toujours Une. Elle exprime son organisation, qui dépend de la différenciation et de l'identité (hétérostasie-homéostasie) mais surtout des structures élémentaires de la réciprocité. Les affects, auxquels Frédéric Lordon accorde le plus haut prix (*l'amour-propre* et la *haine*), sont des affects « lourds », chargés d'un caractère signalétique des limites à ne pas franchir pour la vie sous peine de dommages irréparables, signalétique des contraintes

71. Le « marché de réciprocité » résulte de la *réciprocité ternaire généralisée* mais conjoint souvent plusieurs structures de réciprocité telles que le *face-à-face*, le *partage*… Les relations de réciprocité s'organisent, en effet, en différentes « structures élémentaires » définies selon le nombre, la position et le statut des divers partenaires. Nous distinguons : les structures binaires (qui mettent en face à face deux partenaires, égaux ou inégaux, et les structures ternaires, qui mettent en relation un nombre indéterminé de partenaires, dans lesquelles nous distinguons la réciprocité ternaire *simple*, la réciprocité ternaire *généralisée* (par exemple, le *marché*), et la réciprocité ternaire *centralisée* (la redistribution).

que nul ne peut ignorer. Ils sont fort différents des affects plus transparents, plus délicats, plus fragiles qui semblent disparaître ou ne pas avoir de consistance en regard des précédents, mais qui sont bien plus caractéristiques de l'esprit humain : les affects des valeurs spirituelles du corps social, la liberté, la responsabilité, l'amour ou l'amitié.

Tout ne se réduit donc pas à la confrontation d'une affectivité positive nourrie par l'addition des intérêts d'une coalition d'individus désireux de pourvoir à leurs nécessités par crainte de la misère, et l'hostilité déclarée contre qui menace l'intégrité de cette cohésion par la convoitise des mêmes avantages ; tout ne se réduit pas au plaisir issu de la répudiation de la peur provoquée par le plaisir des autres à se constituer comme le plus fort. Tout ne se réduit pas à la contagion d'une affectivité positive déterminée par la nécessité, et qui s'offrirait le luxe de devenir négative vis-à-vis des passions d'autrui.

V

La Raison et le Tiers

Frédéric Lordon semble ignorer jusqu'ici que lorsqu'un système évolue dans une direction donnée sous l'emprise d'une passion particulière, il échappe progressivement à l'emprise du Tiers. Cependant, il précise bien :

> « Ce qu'est plus précisément ce rapport en quoi consiste l'essence d'un corps, Spinoza ne le dit pas – à part qu'il est un rapport de corrélation de mouvement et de repos[72]. »

Or, cette corrélation n'est pas la corrélation qui relie les éléments qui se différencient l'un de l'autre puisque le mouvement et le repos sont des contraires qui s'excluent l'un l'autre et ne sont pas donnés simultanément comme complémentaires (comme l'Est et l'Ouest, par exemple). Que veut dire alors la corrélation entre des contraires ? Veut-on dire seulement la relation des contraires, mais qui ne serait plus leur exclusion réciproque ? Mais, alors, que serait-ce sinon leur relativisation réciproque qui engendre le *meson*, le « juste milieu », le Tiers ?

On tentera ici de montrer que la théorie ne peut faire l'impasse du Tiers.

72. Lordon, *Imperium, op. cit.*, p. 140 (cité *supra* p. 51).

Nous avons précédemment introduit le Tiers comme le cœur invisible de tout système, et de toute Histoire, le *conatus* de l'*esprit*, mais nous avons ainsi anticipé le propos de Frédéric Lordon car il nous dit à présent :

> « Le problème des polarisations antinomiques trop violemment radicalisées est qu'elles n'ont pour elles qu'une apparence de logique – et le plus souvent pour réalité une logique déficiente. Ainsi le contraire de "tout est A" n'est pas "rien n'est A" mais "tout n'est pas A". Et le contraire de "l'homme n'est qu'un loup pour l'homme" n'est pas "l'homme n'est qu'un dieu pour l'homme", mais "l'homme n'est pas qu'un loup – ni, par conséquent, qu'un dieu". *Homo homini lupus* et *deus*, c'est la logique de Spinoza, et c'est la vraie logique – une si petite chose mais aux si grands effets : toute une révision anthropologique, et politique, dans une simple conjonction de coordination…[73]. »

En effet ! Mais le contraire de *l'homo lupus* est bien *l'homo deus,* sauf à sacrifier le contenu de la proposition à une abstraction et se conformer à la logique mathématique pour laquelle les contraires et les contradictoires se confondent. Mais pour les sciences humaines, c'est la valeur ou, dit autrement, le contenu qui est l'essentiel, et non pas la forme de leurs rapports.

Se contenterait-on de dire *loup* et *dieu* pour dire la négation de l'un ou l'autre ? Ce serait étrange. Ne doit-on pas dire que la négation ("*l'homme n'est pas qu'un loup"*) autorise l'éventualité qu'il soit *dieu et loup*, c'est-à-dire *en soi contradictoire* ? Mais alors, c'est *l'antagonisme* lui-même qui prévaut sur chacune de ses polarités antagonistes[74]. Quelle est donc

---

73. *Ibid.*, pp. 241-242.

74. Il est possible que par « *Ainsi le contraire de "tout est A" n'est pas "rien n'est A" mais "tout n'est pas A"* », Frédéric Lordon ait voulu dire

l'explicitation de cette conjonction contradictoire de Spinoza cachée sous le terme *d'ambivalence*, qui renvoie à ce que Frédéric Lordon appelle la *corrélation des contraires* ?

Si l'on ramène la contradiction à la seule contrariété des contraires en excluant le Tiers (ce qui est en soi contradictoire), alors *l'ambivalence* associe des actualisations contraires, ce qui est possible si elles sont traitées comme des *attributs* d'un sujet, comme le propose Aristote, et non plus comme *substance,* ce qui est en opposition avec leur définition selon Spinoza. Pour ramener l'affectivité à l'absolu de la substance, il faudrait dire que l'homme est *dieu* avec ses semblables et qu'il est *loup* avec ses dissemblables, ou encore que si la *joie* traduit son rapport avec ses proches, la *haine* traduit son rapport avec les étrangers.

La conscience collective rencontrerait donc une limite avec la qualité de la passion qui en serait le motif, limite à partir de laquelle la conscience pourrait se réfléchir pour être conscience de soi (*l'amour-propre*) et conscience de ce qui est à rejeter dans les ténèbres (*la haine de l'autre*). Mais voilà qui l'empêcherait de se définir comme *libre* vis-à-vis de ces déterminations. Dans ce cas, l'occasion de faire place au *Tiers inclus* est manquée, manquée également l'occasion de faire de l'affectivité ce qui est en soi contradictoire, et celle de

---

Ainsi la proposition contradictoire de "tout est A" n'est pas "rien n'est A" mais "tout n'est pas A"... Le fait de dire "*l'homme n'est pas*" engendre alors seulement le *contradictoire*, c'est-à-dire permet qu'il soit le contraire, mais aussi tout intermédiaire entre les contraires, et notamment *ce qui est en soi contradictoire – l'antagonisme lui-même* – que l'on peut signifier par la conjonction de *dieu et loup* sachant qu'il n'est désormais ni l'un ni l'autre (*ni dieu ni loup*). Dire *ni* dieu *ni* loup, comme Aristote, ouvre la possibilité de ce qui est contradictoire entre loup et dieu, qui se réserve d'être ou dieu ou loup, c'est-à-dire la *puissance.* Dire dieu *et* loup fait droit à *ce qui est en soi contradictoire,* mais qui ne se réduit pas à la *puissance* aristotélicienne car la chose est en acte.

concevoir la réciprocité comme la matrice de la conscience commune – l'Esprit –, et de son affect : le sentiment de liberté.

Frédéric Lordon rappelle son point de vue :

> « Il est vrai qu'un homme est amené à désirer que d'autres désirent ce que lui-même désire, car ce désir des autres lui offre le miroir, et la confirmation, du sien même. Pourquoi désirer que les autres désirent conformément à soi ? Pour y trouver un surplus de certitude quant à la qualité de son propre objet de désir, et par là désirer soi-même d'autant plus résolument[75]. »

Mais il opère un tournant décisif lorsqu'il ajoute que l'amour-haine n'est pas la seule réponse qui explique le politique, puisque :

> « Il n'est qu'un seul objet qui se puisse désirer en permettant *sans aucune réserve* de désirer que d'autres le désirent avec soi, c'est la raison. Non seulement le désir des autres n'enlève rien au sien propre – la raison est un bien non-rival : qu'un individu en jouisse n'écarte aucun autre de sa jouissance –, mais au contraire y ajoute ! car rien n'est plus utile à un homme conduit par la raison qu'un semblable (*Éth.*, IV, 18, scolie), et plus nombreux nous sommes à jouir de la raison plus nous en jouissons chacun intensément[76]. »

Autrement dit, la raison est seule à échapper à l'ambivalence des contraires (la divergence et la convergence, l'identité et la différence)[77]. Ce renversement de perspective est considérable car il faut imaginer une structure *triadique* et non plus *dyadique* pour rendre compte du rapport de la raison

75. Lordon, *Imperium, op. cit.*, p. 281.

76. *Ibid.*

77. Spinoza attribue les contraires à la contingence qui marque l'impuissance des corps qui n'ont pas la chance d'être doués de raison.

et des affects, puisque c'est désormais entre la raison et les passions – entre la raison et ce que l'on a convenu d'appeler l'ambivalence (convenance-disconvenance) – que se joue l'avenir de la société.

Eh bien, on arrive à ce point où le *Tiers* se situe *entre* les contraires, et qu'il a un nom : la *raison* !

> « En un dédoublement démonstratif rarissime dans l'*Éthique,* Spinoza tient ensemble les deux termes de cette ambivalence de la politique selon la passion ou selon la raison. Comment un homme peut-il être conduit à vouloir que les autres hommes poursuivent le même bien que lui, c'est-à-dire à désirer pour autrui ce que lui-même désire, à désirer qu'autrui jouisse de ce dont lui-même jouit et, partant, à prémunir la vie collective des déchirements antagoniques, demande en substance *Éth.*, IV, 37 ? Or il y a deux réponses possibles à cette question – et deux démonstrations pour le même théorème. L'une examine la possibilité de cette conjonction des désirs dans le régime des affects passifs. Il est vrai qu'un homme est amené à désirer que d'autres désirent ce que lui-même désire, car ce désir des autres lui offre le miroir, et la confirmation, du sien même…[78] »

Cette première démonstration, si longuement exposée jusqu'à présent, est à nouveau illustrée en se référant à Spinoza.

Mais allons immédiatement à la deuxième : la raison n'est pas soumise à la compétition et à la rivalité, source de la bivalence des affects passionnels : « Il n'est qu'un seul objet qui se puisse désirer en permettant *sans aucune réserve* de désirer que d'autres le désirent avec soi, c'est la raison »[79].

---

78. Lordon, *Imperium, op. cit.,* pp. 280-281.
79. *Ibid.,* (c'est Lordon qui souligne).

Comment comprendre le passage de la figure dyadique à cette figure triadique ?

Selon Frédéric Lordon, la raison se fraye un chemin dans le dédale des passions parce qu'elle se déploie selon son *conatus* (l'*empuissantisation*). Cependant, ni l'ambivalence des passions ni la relation triadique des passions et de la raison ne dévoile leur structure logique. Or, c'est de sa prise en compte que la raison peut espérer maîtriser la genèse des affects, qu'ils soient ceux des passions ou le sien propre.

Comment peut-on imaginer le rapport des passions et de la raison ? Par une curieuse dissymétrie, répond Spinoza : les passions sont supérieures en nombre et en force (du moins en l'état présent de l'humanité), mais la raison, par contre, dispose de la suprématie sur le temps long, et devient la promesse de l'humanité future :

> « Quel degré réel de raison peut-on prêter à la conduite des hommes ? Faible, répond catégoriquement Spinoza. Modifiable certes, comme tout le reste, c'est bien pourquoi d'ailleurs il leur propose une Éthique, moins d'ailleurs pour leur en indiquer une voie toute tracée que pour leur en faire connaître la direction générale. Et son point oméga[80]. »

Désormais, la compétition s'exerce entre les passions qui sont rapportées à des causes externes, et la raison qui est le *propre de l'homme* :

> « Par définition, modes finis, toujours nous serons à quelque degré sous l'effet des causes externes, c'est-à-dire, dans cette mesure même, en proie aux affects passifs. Il n'y a à tirer de cet état de fait aucun sentiment de démission : ne pas pouvoir atteindre le terme absolu ne contredit pas de faire utilement du chemin dans sa

80. *Ibid.*, p. 282.

direction, qui est celle de l'empuissantisation[81]. »

L'idée d'*empuissantisation* doit alors être explicitée. « Ici il faut citer longuement », dit Frédéric Lordon :

> « "*Si les hommes vivaient sous la conduite de la raison, chacun (par le Corol. 2 de la Prop. 35) jouirait de son droit sans nuire à autrui. Mais comme ils sont soumis aux affects (par le Corol. de la Prop. 4) qui dépassent de loin la puissance, c'est-à-dire la vertu de l'homme (par la Prop. 6), ils sont tirés en divers sens (par la Prop. 33), ils sont contraires les uns aux autres (par la Prop. 34), alors qu'ils ont besoin d'une aide réciproque (par le Scol. de la Prop. 35). Aussi, pour que les hommes puissent vivre dans la concorde et se porter une aide mutuelle, il est nécessaire qu'ils renoncent à leurs droits naturels et se donnent réciproquement l'assurance qu'ils n'accompliront rien qui puisse être un dommage pour l'autre. Par la Proposition 7 de cette Partie et la Proposition 9 de la Partie III, on voit avec évidence comment il est possible que les hommes, nécessairement soumis aux affects (par le Cor. de la Prop. 4) inconstants et divers (par la Prop. 33) puissent se donner cette assurance réciproque et avoir confiance les uns dans les autres [...]*" (*Éth.*, IV, 37, Scolie 2)[82]. »

L'action de la raison sur les passions conduit à leur relativisation : *il est nécessaire qu'ils renoncent à leurs droits naturels*. Néanmoins, cette action demeurerait suspendue au désir propre de chacun si elle n'était prise en charge, accumulée, « empuissantisée » par la société.

81. *Ibid.*, p. 282.
82. *Ibid.*, pp. 283-284.

Pourtant Frédéric Lordon semble bien revenir à sa thèse initiale en citant toujours Spinoza :

> « *"C'est grâce au fait qu'un affect ne peut être réprimé que par un affect plus fort que l'affect à réprimer et qui lui est contraire, que chacun s'abstient de causer un dommage par crainte d'un dommage plus grand. C'est par cette loi qu'une Société pourra se constituer pourvu qu'elle revendique pour elle-même le droit que possède chacun de se venger, et de juger du bien et du mal, ayant ainsi le pouvoir de prescrire un principe commun d'existence, de promulguer des lois et de les défendre non pas par la Raison, incapable de réprimer les affects (par le Scol. de la Prop. 17), mais par des menaces de sanctions. Cette Société constituée par des lois et par le pouvoir qu'elle a de se conserver, est désignée par le terme de* Cité, *et l'on appelle* Citoyens *ceux qui sont sous la protection de son droit" (Éth.,* IV, 37, Scolie 2)[83]. »

83. *Ibid.*, p. 284.

VI

Vengeance et Réciprocité négative

Pour relier la situation actuelle de l'humanité, débordée par les passions et emportée dans le torrent de conflits inépuisables, et l'avènement d'une humanité heureuse grâce à la raison qui lui permettrait d'associer ses passions de façon complémentaire au bénéfice de tous, Frédéric Lordon et Baruch Spinoza en appellent à la vengeance. Mais la vengeance n'est-elle qu'un instrument ? Nous voudrions ici préciser en quoi elle contribue directement à la genèse du Tiers, c'est-à-dire de l'*imperium*, car elle est en réalité une forme de réciprocité[84].

Que chacun s'abstienne de causer un dommage par crainte d'un dommage plus grand ; ce calcul, propre à l'individu, est logique si l'on met en balance deux intérêts rivaux comme le sont des intérêts de nature biologique. Mais que signifie la *vengeance* ? Se réduit-elle à cette vindicte dictée seulement par *l'intérêt* des uns ou des autres ? Sinon, que faut-il donc entendre par *le droit de se venger et de juger du bien et du mal* ?

---

84. L'équilibre initial entre l'amitié et l'inimitié des organisations sociales est relatif : si l'inimitié prévaut, se développe un système de « réciprocité négative », c'est-à-dire de vengeance. Dans la réciprocité négative, celui qui subit est le premier à posséder une *conscience de conscience* alors que dans la réciprocité positive c'est au contraire celui qui agit. Les deux *formes* de réciprocité *négative* et *positive* sont donc inverses l'une par rapport à l'autre.

Selon la Tradition religieuse à laquelle se réfère Spinoza, l'Homme acquiert ce droit de juger du bien et du mal lorsqu'il franchit l'interdit. L'interdit, on le sait, est de confondre tous les arbres du Jardin et d'ignorer la différence de l'un d'entre eux – plus précisément celui de la connaissance du bien et du mal. Or, cet arbre est maudit dès lors que l'on en mange (c'est-à-dire que l'on s'y identifie), car la tentation est alors grande de juger *par soi-même* du bien et du mal. C'est pourquoi il est dit « voici que l'homme a mangé de l'arbre de la connaissance du bien et du mal et qu'il est devenu l'*un* d'entre nous »[85].

On sait que *Elohim* veut dire *nous* : mais quel *nous* ? On sait aussi que l'homme, le terrien, l'*Adam*, ne parvient pas à la conscience de lui-même par la connaissance du monde (les oiseaux, les poissons…) et qu'il lui faut une « aide ». L'aide qui lui permet d'accéder à la pleine puissance de sa conscience, et de se nommer lui-même, est issue à la fois de l'identité (son côté) et à la fois de sa différence (la femme). Et si l'on admet, toujours selon ces mêmes versets de la Bible, que l'Homme (Adam *et* Eve) est créé à l'image d'Elohim, le *nous* veut dire forcément l'*entraide*, la réciprocité dont le couple *Adam et Eve* est l'image.

Or, Spinoza dit bien : « *C'est par cette loi qu'une Société pourra se constituer, pourvu qu'elle revendique pour elle-même le droit que possède chacun de se venger et de juger du bien et du mal.* »

Mais qui est la Société ? La collection des intérêts qui se concilient dans leur libre-échange ? Ou bien le Tiers dont le *conatus* est perpendiculaire à celui des relations d'intérêts privés, ici Dieu ? Spinoza répond : Dieu ; Frédéric Lordon : la force morale de la société.

---

85. Dans la Bible, ce pouvoir de juger par soi-même du bien et du mal est attribué à l'*« un » entre nous*, cet « un » est *Satan* !

Comment peut-on justifier le *conatus* du Tiers (la *force morale* de la société) comme *esprit de la vengeance*, de telle sorte qu'il puisse en déposséder chacun de nous au bénéfice d'un *Nous* qui s'exprime par négation du droit de juger par soi-même du bien et du mal, et dont la puissance interdise à chacun de nous le meurtre de l'autre.

Mais que dit la *vengeance* ?

La science croyait jusqu'à une date récente que la *réciprocité positive* était toujours de rigueur entre les membres d'une même communauté, et la *réciprocité négative* rapportée aux frontières de celle-ci, à l'étranger (l'amour-propre et la haine de l'autre), et c'est à cet *a priori* que se soumet la première analyse de Frédéric Lordon, comme nous l'avons souligné ; mais dans nombre de sociétés, c'est l'inverse : la réciprocité négative est pratiquée à l'intérieur de la communauté, la réciprocité positive avec l'étranger.

Quoi qu'il en soit, c'est la nature même de la réciprocité négative qui nous intéresse ici car elle ne semble pas toujours ordonnée au calcul imaginé par Spinoza – la protection du Soi-même. Dans les communautés archaïques, que l'on pense témoigner des sociétés primitives, celui qui subit une injure cherche à répondre par la violence à la violence qu'il a subie, de manière à établir une relation de réciprocité où l'action soit proportionnelle à la passion : c'est à la condition que les deux consciences élémentaires liées au fait de subir l'offense et de la faire subir se relativisent de façon égale que naît l'affect qui sous-tend l'imaginaire – que l'on a coutume de désigner par le terme de l'honneur. Il s'ensuit que chaque partie est conduite à une succession de violences pour enchérir le sentiment d'être humain (en tant que guerrier). Mais succession veut dire ici alternance de meurtrissures reçues et rendues ! Aucune nouvelle offense ne peut être accomplie par l'une des parties sans être compensée par une offense subie de la part de qui a subi la précédente. Chose qui peut paraître étrange : lorsque les parties sont assurées par la vengeance d'avoir agi et subi, s'installe un instant de paix entre elles parce que chacune a accédé à la dignité de la conscience en termes d'affect. Être un guerrier ne consiste pas à tuer ! mais à souffrir avant que de faire souffrir[86].

On retrouve ici le terme grec *antipasquein* (souffrir à son tour). De cette façon, la réciprocité apparaît toujours comme la *matrice de la raison éthique,* mais non pas de la raison utilitaire ou du calcul qui prévaut lorsque l'individu cherche son intérêt propre. Ce à quoi l'homme réciproque soumet son intérêt propre est le Tiers, c'est-à-dire le sentiment d'humanité qui n'appartient à personne *a priori*, et qui doit être conquis par chacun grâce à son intégration dans la structure de réciprocité qui en est la matrice.

La réciprocité négative n'autorise pas seulement la *mémoire* des Anciens dans une relation de filiation sans commencement ni fin qui assure à chacun le sentiment de responsabilité sur sa descendance, sentiment qui s'accumule en prestige pour le dernier héritier d'une tradition lignagère comme l'a montré le sociologue brésilien Florestan Fernándes[87] ; la réciprocité négative n'est pas seulement le moyen par lequel l'Éthique (le Tiers) maîtrise la violence, comme le dit le premier commandement (Tu ne tueras point) ne reconnaissant de légitimité qu'à la seule réciprocité de vengeance (le talion) ; elle n'est pas seulement le pendant de la réciprocité positive qui serait nécessaire à sa relativisation pour engendrer la « réciprocité symétrique[88] » ; elle est la

---

86. Cf. Dominique Temple, *La réciprocité de vengeance. Critique de quelques théories de la vengeance* [2003], Collection *réciprocité,* n° 7, 2017.

87. Florestan Fernándes, *A função social da guerra na sociedade tupinambá*, Biblioteca Pioneira de Ciencias Sociais, São Paulo, 1970.

88. La réciprocité est forcément définie de façon objective par la

structure qui permet l'accès au surnaturel (le spirituel), en démontrant que celui-ci est distinct du naturel (le matériel)[89].

Des deux *formes* de réciprocité positive et négative, l'une produit en effet un affect joyeux qui n'est pas facile à distinguer du plaisir procuré par la jouissance de ce qui est donné et redonné dans la surenchère du contre-don, la jouissance de la fête, jouissance prosaïque des sens, de sorte que la joie spirituelle produite par la réciprocité est ennoyée dans le plaisir de la vie. L'autre, au contraire, libère la joie – propre au Tiers inclus – de la douleur qui accompagne la violence. La joie du Tiers apparaît alors tout à fait distincte et comme l'expression particulière du sentiment d'humanité créé par la réciprocité.

Peut-on cependant dériver de cette anthropologie la logique de Spinoza qui fait intervenir l'ambivalence de deux dynamismes seulement, qui justifierait le calcul suivant de la raison : pour éviter de recevoir des coups, je m'impose pour règle de ne pas faire de torts à mon voisin ? Car si l'on peut interpréter les choses ainsi, alors que la réciprocité négative propose tout autre chose qu'un réflexe d'autodéfense, c'est qu'il doit y avoir un chemin entre les affects dus à la

---

polarité de son actualisation principale : positive ou négative. Lorsque ces deux polarités sont relativisées l'une par l'autre, aucune objectivité ne permet de la nommer, ce pourquoi elle demeure caractérisée seulement par les valeurs qu'elle produit : les valeurs éthiques. Nous l'appelons « réciprocité symétrique ». Cette relativisation peut se déployer dès l'origine dans les « prestations totales », par exemple, ou à partir de la réciprocité positive et de la réciprocité négative. L'imaginaire de l'une ou de l'autre laisse alors la place aux *valeurs symboliques* de la *raison éthique*. Cf. Dominique Temple, « Les trois origines de la réciprocité symétrique » (2006), et « Raison et naissance de la réciprocité symétrique » (2009), en ligne sur le site de l'auteur.

89. Cf. Bartomeu Melià & Dominique Temple, *La réciprocité négative. Les Tupinamba* [2004], Collection *réciprocité*, n° 5, 2017.

réciprocité négative et les affects dus à la réciprocité positive qui l'autorise.

En effet, lorsque la réciprocité négative domine dans les relations entre les hommes, la réciprocité positive est assumée par les femmes. On se contentera ici de souligner que lors des rituels majeurs des sociétés de réciprocité négative, hommes et femmes s'associent pour exprimer le fait que le produit de la réciprocité négative est de même nature que le produit de la réciprocité positive.

On pourrait illustrer indéfiniment le rapport qui s'installe dans toutes les sociétés archaïques entre la réciprocité négative et la réciprocité positive, mais le principal d'entre ces rapports est leur égale relativisation, qui, n'étant pas visible puisque en elle-même contradictoire, se révèle néanmoins par un affect supérieur à celui produit par la réciprocité négative ou la réciprocité positive ; c'est-à-dire comme le sentiment de liberté et de souveraineté de la conscience pour elle-même. Cette conscience s'impose comme sentiment d'humanité de référence, mais évidemment de façon empirique, aux valeurs issues de la réciprocité positive et de la réciprocité négative représentées par l'imaginaire de l'honneur et l'imaginaire du prestige.

Comme le souligne Frédéric Lordon :

> « C'est que la sortie complète de la servitude passionnelle, la vie sous le régime de la causalité adéquate, supposent de s'affranchir de toute cause extérieure pour ne plus répondre qu'à la nécessité de son essence propre (cf. *Éth.*, III, Def. 1 et 2)[90]. »

Autrement dit, si la vie n'est pas relativisée par la mort, elle impose unilatéralement son imaginaire au Tiers. Sans la

90. Lordon, *Imperium*, *op. cit.*, p. 282.

mort, la résurrection, c'est-à-dire la reconnaissance objective de la « vie éternelle » comme au-delà de la vie et de la mort, serait sans doute impossible !

Cependant, la réciprocité symétrique, qui naît donc de la relativisation mutuelle de la réciprocité positive et de la réciprocité négative, et qui seule permet d'engendrer un Tiers libéré de tout imaginaire, peut se déployer sans ce détour par la mort et la vie, elle peut se dépasser par reproduction d'elle-même. Dans cette reproduction, elle est l'*amour*, mais dans un autre sens que l'amour *de* quelque chose qui répond seulement à un désir de l'individu. Ici, tout désir ou toute souffrance est relativisé au bénéfice d'une exigence : l'avènement de l'Autre éternellement Autre, le Tiers. Ce pourquoi, la forme qui la première est le réceptacle de cet Autre est indifférente à la réciprocité négative et à la réciprocité positive, bien qu'elle soit constituée sous des modalités fort simples par la nature : *l'entraide* – que le mythe se représente comme celle que la femme porte à l'homme.

Rétablir l'*empuissantisation* à partir de sa matrice permettrait de relativiser cette assertion passagèrement pessimiste de Spinoza :

> « "*Croire que l'on peut amener la multitude, ou ceux qui sont tiraillés de toutes parts dans le jeu des affaires publiques, à vivre selon le seul précepte de la raison, c'est rêver de l'âge d'or des poètes, c'est-à-dire d'une fable*" (*TP*, I, 4)[91]. »

Ce qui vaut à la genèse de l'humanité d'apparaître comme fable est dû à ce que l'axe de cette genèse n'apparaît qu'avec la raison libérée de tout imaginaire. Et c'est seulement lorsque la conscience est parvenue à maturité qu'elle peut découvrir sa matrice jusque-là invisible (la *réciprocité symétrique*), et que l'affectivité produite par cette

91. *Ibid.*, p. 285.

matrice (le cœur invisible de l'organisation des êtres vivants et pensants) est alors réfléchie sur elle-même. Dans ses phases de développement antérieures, cette réflexion était enchâssée dans des manifestations qui oscillaient entre deux extrêmes opposés. C'est de s'en affranchir, comme le dit Frédéric Lordon, qui lui permet d'atteindre à la souveraineté de sa propre puissance.

Quant au calcul auquel Spinoza prêterait la capacité d'engendrer la Loi, il n'est pas non plus sans refléter quelque chose de réel. À partir de l'équivalence des deux matrices de réciprocité positive et négative, à partir de l'équivalence des deux sentiments communs qu'elles engendrent, à partir de l'équivalence enfin de leurs imaginaires respectifs (l'honneur et le prestige), la *réciprocité symétrique* peut former son concept – l'Éthique – et soumettre à son efficience les deux formes de réciprocité positive et négative, ou encore ordonner les passions à la raison : remplacer, par exemple, un meurtre par un mariage, une injure par une offrande, notamment lorsque la réciprocité négative risque de faire sombrer la réciprocité dans la non-réciprocité (la non réciprocité du meurtre ou la non réciprocité de l'exploitation capitaliste) ; ou lors de bien d'autres procédures que les hommes ne manquent pas d'inventer du moment qu'ils choisissent de faire prévaloir leur intérêt sur le besoin d'autrui.

VII

Liberté et Pouvoir

Peut-on aller plus loin avec Frédéric Lordon ? D'après Spinoza :

> « *"Absolument parlant, agir par vertu n'est en nous rien d'autre qu'agir, vivre, conserver son être (trois façons de dire la même chose) sous la conduite de la raison, et sur le fondement de l'utile propre"* (*Éth.*, IV, 24)[92]. »

Pour Frédéric Lordon :

> « Le mode fini humain ne sort pas de l'ordre des affects, mais il peut, par son devenir éthique, en changer la nature, ou disons la composition : enrichir sa vie affective en affects actifs et, dans cette mesure même, s'extraire (mais toujours partiellement) de la servitude passionnelle (les affects passifs). Contrairement à une antinomie qui a la vie dure, la vie sous la conduite de la raison n'est pas affranchissement d'avec les affects, mais prédominance des affects actifs sur les affects passifs – les passions. Ainsi la raison a ses affects propres – et par conséquent ses prises d'intérêt affectif. Connaître adéquatement Dieu et les choses en leur essence singulière, c'est jouir d'une joie particulière et inaltérable que Spinoza nomme "l'amour intellectuel de Dieu", joie en tant que telle soustraite à toutes les fluctuations

92. *Ibid.*, p. 288.

passionnelles que nous infligent les choses extérieures dans leur permanente variabilité[93]. »

Être actif, pour Spinoza, est l'amour intellectuel de Dieu et par suite l'avenir de l'humanité, mais par l'ordonnancement des passions à ses fins et non pas leur relâchement dans leur déraison.

> « "*Les hommes, en tant qu'ils vivent sous la conduite de la raison,* et dans cette mesure seulement, *accomplissent nécessairement les actions qui sont nécessairement bonnes pour la nature humaine, et donc pour chaque homme, c'est-à-dire ce qui s'accorde avec la nature de tout homme ; et par suite, les hommes également s'accordent toujours nécessairement entre eux*" (*Éth.*, IV, 35, dem.)[94]. »

Imaginons que les hommes, qui les premiers sont parvenus à dominer leurs passions de façon à les mettre à la disposition de la raison, aient proposé le partage de la raison à toutes les cités ou communautés qui vivaient encore sous le joug de l'absolu de leurs affects – fussent-ils ceux de valeurs éthiques –, ils auraient réalisé la cité radieuse ou du moins élevé l'humanité jusque dans un débord d'*eudaimonia* ; qu'elle n'aurait peut-être pas été capable de supporter, mais au moins le bonheur eut été à la disposition de la multitude, et l'objet de l'*imperium*. Qu'est-ce qui empêcha cette histoire, ou l'enraya dans une voie jonchée de crimes contre l'humanité que l'on appelle l'âge d'or du capitalisme ?

Sous l'appât de la raison se trouvait le piège du *pouvoir* dont le ressort est la privatisation des avantages de la raison. Les peuples colonisés reçurent la raison dont l'éblouissance permit de les abuser et les abuse encore parce qu'elle leur masque la privation de leurs droits les plus fondamentaux,

---

93. *Ibid.*, p. 291.
94. *Ibid.*, p. 298 (c'est Spinoza qui souligne).

leur droit à la réciprocité notamment, mais aussi d'une bonne part de leurs moyens d'existence. Du coup, l'Humanité – le Tiers commun – est blessé, sa pensée tarie, parce que la réciprocité qui devait la déployer sur la terre entière est inversée dans l'exploitation de l'homme par l'homme. Et aujourd'hui, l'involution spirituelle ainsi produite par le pouvoir de la société occidentale (son impérialisme) est promulguée comme indépassable : la mondialisation capitaliste.

Si l'économie est définie par la privatisation de la propriété, le libre-échange et l'accumulation du capital, existe-t-il une *politique* ? Non. Mais si une autre économie est possible dont la mesure soit le partage et non le profit, alors certes, il existe une politique pour définir les interfaces entres les diverses structures de réciprocité : le marché de réciprocité, la redistribution, la communion…

> « Ce qui reste pour développer nos âmes, c'est bien la nature particulière des institutions où nous vivons qui le dira. Il n'y a pas d'éthique sans politique, car il n'y a pas de cheminement éthique qui pourrait s'abstraire des conditions environnementales de son effectuation, qui serait hors sol, donc hors politique. L'environnement des trajectoires éthiques, c'est de la politique. C'est pourquoi il n'y a pas d'éthique qui ne se complète d'une politique, puisqu'elle trouvera dans les institutions politiques les conditions qui favorisent, ou au contraire entravent, son développement[95]. »

Mais la raison ne doit-elle pas s'inquiéter de sa matrice pour libérer le politique de son assujettissement au pouvoir ?

95. *Ibid.*, p. 305.

Selon Frédéric Lordon, le *pouvoir* (*potestas*) diffère de la *puissance* de la multitude (*imperium*) car il procède de la *capture* de celle-ci. Il faut se souvenir, ici, que Frédéric Lordon entend que les passions particulières sont des dynamiques de préhension passionnelles unilatérales vis-à-vis du *conatus* de la communauté tout entière, de sorte que le terme *potestas* définit le pouvoir de domination sur autrui et se distingue de celui de *potentia* (puissance) de façon radicale car l'*imperium* naît de la relativisation ou de la neutralisation des *potestates* des particuliers lorsqu'elles sont contradictoires entre-elles et qu'elles prétendent s'imposer les unes aux autres.

La *potestas* se manifeste certes chaque fois que la passion des uns affronte celle des autres, comme si les autres ne disposaient que d'une *potestas* inférieure, mais aussi et surtout au dépens de la *potentia* de tous (l'*imperium*), ce que signifie le terme de *capture* puisque l'*imperium* naît, comme nous l'avons précisé, de la relativisation de la *potestas* des uns et des autres.

Il suffit que les circonstances soient favorables à un *conatus* particulier pour que celui-ci s'impose aux autres, et à la raison elle-même. Et puisque des passions peuvent être contraires, le pouvoir du plus fort peut capturer le pouvoir du plus faible. Dans le système capitaliste, une passion – la *passion du pouvoir* – s'impose à la multitude, assujettit son *conatus* à sa jouissance.

Cependant, puisque l'imaginaire auquel est associé le plaisir s'oppose à tout autre imaginaire, et que le plaisir du plus fort est le plaisir du pouvoir, la raison qui procède de la relativisation de tout imaginaire, et qui par conséquent s'exempte du pouvoir et de sa violence, est l'anti-pouvoir ou encore la liberté. Néanmoins, la délégation du pouvoir de chacun à l'*imperium* confère à celui-ci la puissance du pouvoir, le *pouvoir de l'État.*

Nous avons vu qu'avec l'allégorie *amour-haine* Frédéric Lordon introduisait un *binarisme affectif* qui semblait lié à une logique bipolaire (*ambivalente*) et qui semblait éliminer le Tiers, puis il se servait du binarisme dans une autre perspective où les affects de la raison (les affects actifs, comme le sentiment de la liberté et la joie qui l'accompagne) étaient opposés à ceux des passions (les affects passifs), du moins des passions prédatrices. Du schéma initial selon lequel *l'imitation* engendrait plus d'affect parce que l'affect était conforté d'être apprécié par autrui et incité à se manifester davantage, l'analyse s'est ainsi reportée sur la compétition entre l'affect passif des particuliers (et surtout celui qui n'est autre que la jouissance du pouvoir) et l'affect actif de l'*imperium*. Mais, dans la mesure où l'*imperium* dispose de tous les pouvoirs, il faudrait en passer par le pouvoir.

Cette conclusion semble logique : elle résulte de l'obligation faite à la fonction symbolique de se représenter les propriétés du Tiers dans les signifiants empruntés aux référents de la nature. Ainsi, par exemple, la pensée chinoise qui fait grand cas du Tiers (la sagesse) replie toutes ses propriétés sur l'un des deux contraires dont elle n'ignore pourtant pas les qualités intrinsèques mais qu'elle charge de les figurer (le Ciel). Pour nous, l'essentiel de la fonction symbolique est plutôt de faire apparaître la différence qui révèle la propriété intrinsèque du spirituel, du concept ou de la valeur, en évitant autant que faire se peut toute confusion avec la qualité du signifiant auquel elle s'accorde seulement par l'analogie. Dès lors, seul le Tiers parle en vérité ; et l'affectivité qui lui appartient en propre (le sens des mots et des concepts, ou le sentiment des valeurs éthiques) est son principal objet.

Traiter de celui-ci sous le mode des passions ou d'après l'imaginaire des uns et des autres s'expose au fétichisme (ainsi du fétichisme de la joie et de la tristesse dans les affects du plaisir et de la peine dont use et abuse l'exploitation capitaliste). C'est dire que la question de l'affectivité n'est pas un sujet facile puisqu'elle est d'une certaine façon alogique (du moins tant que l'on se contente d'une logique du Tiers exclu) ou qu'elle se réfugie dans une représentation à laquelle on accorde le prix de sa réalité objective.

Il nous reste cependant à dissiper une ombre : l'ange qui prétend juger seul par la *connaissance du bien et du mal* n'est pas le conseiller technique de Spinoza ! Ce n'est que lorsque l'on participe soi-même d'une relation de réciprocité avec autrui que l'on peut être le siège de ce sentiment d'humanité, dont l'effectivité est un commandement éthique qui s'aveugle, si l'on peut dire, sur tout raisonnement ou toute passion qui le soumettrait à quelque condition que ce soit. N'en ayant que faire pour lui-même, il préfère rester fidèle à la lumière dont il procède, c'est-à-dire sa propre révélation.

De ce point de vue, l'intention de Spinoza est sans doute celle d'un Juste. Cependant, cette lumière ne peut demeurer celle de l'affectivité avec laquelle elle se confond que dans la mesure où la structure de réciprocité qui l'engendre reste en vigueur. Sans la relation de réciprocité, elle se meurt dans ce qui n'est plus que le pouvoir du symbolique ; et comme celui-ci se réfère néanmoins à l'absolu de l'affectivité, il se traduit par la violence de son jugement en fonction de la conception du bien et du mal de son auteur. Mais c'est bien ce qu'évite Spinoza en suspendant tous les affects à l'affect de la raison puisque celle-ci suppose le rapport à autrui tout autant qu'elle l'exige…[96].

---

96. « *Cela n'empêchera pas les hommes de constater par expérience qu'une aide*

Mais qui dit affect dit affecter et être affecté, et l'absolu de l'affectivité paraît sous deux aspect antagonistes, l'actif et le passif, l'agir et le subir, de sorte que l'on ne peut imaginer la synthèse contradictoire de l'agir et du subir, et la pleine signification de l'affectivité, qu'à partir de cette ambivalence. Or, être affecté suppose autrui, et la réciprocité en est la condition...[97].

---

mutuelle leur permet de se procurer beaucoup plus facilement ce dont ils ont besoin, et que ce n'est qu'en joignant leurs forces qu'ils peuvent éviter les dangers qui partout les menacent ; pour ne rien dire ici du fait qu'il vaut bien mieux, qu'il est plus digne de notre connaissance, de contempler les actes des hommes plutôt que ceux des bêtes. Mais j'en parlerai plus longuement ailleurs. » (*Éth.*, IV, Prop. 35, Scol.) Spinoza, *op. cit.*, p. 411. Dans cette Partie, il n'en sera pas dit beaucoup plus : « *Rien ne peut mieux convenir avec la nature d'une chose que les autres individus de la même espèce ; et par suite (par le chapitre 7) rien n'est plus utile à l'homme, pour conserver son être et jouir de la vie rationnelle, que l'homme que mène la raison.* » (*Éth.*, IV, Appendice, Chap IX). *Ibid.*, p. 481.

97. Peut-être est-ce ce que veut suggérer Spinoza : « *Si en effet deux individus, par ex., ayant exactement la même nature, se joignent l'un à l'autre, ils composent un individu deux fois plus puissant que chacun pris séparément. À l'homme donc, rien de plus utile que l'homme ; il n'est rien, dis-je, que les hommes puissent souhaiter de mieux pour conserver leur être que de se convenir tous en tout de sorte que les Esprits et les Corps de tous composent pour ainsi dire un seul Esprit et un seul Corps, de s'efforcer tous ensemble de conserver leur être, autant qu'ils peuvent, et de chercher tous ensemble et chacun pour soi l'utile qui est commun à tous ; d'où suit que les hommes que gouverne la raison, c'est-à-dire les hommes qui cherchent leur utile sous la conduite de la raison, n'aspirent pour eux-mêmes à rien qu'ils ne désirent pour tous les autres hommes, et par suite ils sont justes, de bonne foi et honnêtes.* » (*Éth.*, IV, Prop. XVIII, Scol.). *Ibid.*, p. 387. Ce scolie précise toutefois clairement que la raison est *innée*, qu'elle est distribuée de façon arbitraire par la nature en chacun des hommes, et que la condition *sine qua non* de la vertu spinozienne est *l'addition* de puissances identiques, fonction de *l'intérêt* propre de chacune d'entre-elles (ici des hommes de raison) qui recherchent à multiplier leur efficacité. On évitera donc de réduire la pensée de Frédéric Lordon à celle de Baruch Spinoza.

VIII

Idée et Affectivité

Comment peut-on espérer que la raison l'emporte sur les passions ? Spinoza répond : parce que l'idée l'emporte sur l'affect. On pourrait préciser, parce que la connaissance de la connaissance (que Spinoza appelle la *connaissance du troisième genre*) consume toute joie en sa réalisation. Mais que faut-il donc entendre de ces propositions apparemment contradictoires de Spinoza ?

> *« Dieu s'aime lui-même d'un Amour intellectuel infini. » (Éth., V, Prop. XXXV) ;*

contradictoire avec l'idée que :

> *« L'Amour est une Joie qu'accompagne l'idée d'une cause extérieure. » (Éth., III, Déf. VI).*

Ou encore :

> « *Dieu est absolument infini (par la Défin. 6 p. 1), c'est-à-dire (par la Défin. 6 p. 2), la nature de Dieu jouit d'une infinie perfection, et ce (par la Prop. 3 p. 2) accompagné de l'idée de lui-même* » (*Éth.*, V, Prop. XXXV, Dém.) ;

contradictoire de :

> « *Dieu est exempt de passions, et nul affect de Joie ou de Tristesse ne l'affecte.* » (*Éth.*, V, Prop. XVII)[98].

---

98. Cf. Spinoza, *Éthique, op. cit.*, p. 547, p. 323, p. 547 et p. 525.

Ces contradictions se résolvent si l'on imagine que l'affect de la joie qui accompagne la raison se délivre de son opacité dans la clarté de la forme que lui donne son idée, comme lorsque l'émotion d'une découverte se dissipe au fur et à mesure que celle-ci apparaît de façon plus objective.

Mais si *l'idée* peut être dite la *forme* que l'affectivité se donne, il faut dire comment l'affectivité se donne telle ou telle idée. Cette adéquation reçoit une explication lorsque l'on accepte que les contraires et la contradiction, ainsi que la différence, ne soient plus remisés dans la boîte noire construite à partir des paramètres de l'accident, de la contingence et de l'ignorance, et qu'en aucune façon l'actualisation de l'un des contraires ou de l'autre puisse atteindre une identité absolue et définitive puisqu'elle ne peut épuiser l'antagonisme dont elle procède, ce qui signifie que l'actualisation d'un des contraires n'annihile pas son contraire mais le potentialise : si *l'homme* s'actualise *loup*, il ne perd pas la possibilité de s'actualiser *dieu*.

Voilà qui oblige à faire intervenir une nouvelle catégorie : « l'actualisation/potentialisation ». Si l'antagonisme lui-même, le Tiers donc, est l'affectivité, on comprend aussitôt que toute affectivité disparaisse au fur et à mesure qu'elle se transforme en matière ou énergie, l'une étant actualisée lorsque l'autre est potentialisée (le principe d'équivalence), autrement dit qu'au cours de l'actualisation, l'affect disparaisse (comme lorsque la vengeance assouvit la colère) tandis que la potentialisation antagoniste tend à n'être qu'une « conscience élémentaire »[99]. Où l'antagonisme décroît, au

---

99. Ces notions que l'on doit à la *théorie de la connaissance* de Stéphane Lupasco sont un chemin pour comprendre le rapport des contraires et de l'affectivité. Cf. Lupasco, *L'énergie et la matière vivante, op. cit.* Lire également de Dominique Temple, « *Un nouveau postulat pour la philosophie* », Collection *réciprocité,* n° 10, 2018.

bénéfice de l'actualisation/potentialisation, l'affectivité diminue, mais elle augmente lorsque l'antagonisme s'accroît. Ce pourquoi Lupasco répondait à Spinoza : « *L'amour est l'affectivité d'un concept pur* »[100].

Que la potentialisation soit la forme objective sous laquelle se représente l'idée est révélé aussitôt que dans une relation de réciprocité la relativisation des actualisations/potentialisations se manifeste dans le concept qui tient ensemble leurs perspectives respectives comme ses horizons objectifs. Le concept est une forme (*l'ambivalence,* dit Frédéric Lordon) pour une substance affective lorsque, cessant d'être en soi contradictoire, l'antagonisme devient la conjonction de deux non-contradictions antagonistes.

Il est possible d'appréhender la nature de l'affectivité d'une autre manière du fait qu'elle se révèle en différents affects en fonction de leur rôle signalétique des activités du vivant. Les affects produits au cours de l'évolution peuvent être reproduits par des systèmes mémorisés, et peuvent être pérennisés comme valeurs par l'entendement. Le binarisme affectif se déploie dés lors au cours de l'évolution comme une inflorescence d'affectivités mémorisées, car la polarité de l'hétérogénéisation construit des formes de plus en plus complexes qui n'ont pas le même rapport avec la mort les unes que les autres.

Les organisations vivantes modulent donc à leur façon plaisir et douleur, joie et tristesse. La complexité des systèmes distribue la qualité du plaisir et de la douleur, de la joie et de la tristesse en sensations particulières : le goût, l'odorat, le tact, la vue, l'ouïe pour les plus simples. L'envie, la peur sont

---

100. L'idéel n'est l'image inversée du réel (la *conscience élémentaire* de Lupasco) qu'au niveau de l'inconscient. Il ne devient l'image renversée de cette image que dans le double miroir de la réciprocité.

plus complexes. La colère, la mansuétude ou la douceur, l'amitié et l'inimitié, la vaillance, l'assurance, la honte et l'effronterie, la pitié, l'indignation, le courage[101]… sont plus complexes encore parce qu'elles font nécessairement intervenir le rapport à autrui.

Ces affects sélectionnés par l'évolution gardent l'acquis sur lequel la genèse de l'esprit peut compter pour se déployer plus avant. Mémoire et imagination font alors de la douleur et du plaisir des « motifs signalétiques » qui servent de frontières au-delà desquelles le Tiers serait compromis. Ainsi les systèmes de valeur les plus prégnants, les mémoires spécifiques, autorisent-ils une certaine *économie de l'affectivité*. C'est sur la base de cette économie que l'on peut expliquer les comportement collectifs.

Mais quel qu'il soit, l'affect est toujours Un. Il n'est pas possible de le décomposer en parties, il n'est pas possible non plus de le matérialiser sous quelque forme que ce soit. On n'imagine pas un biologiste essayant de mettre un affect dans une éprouvette ou lui donnant une forme vivante. On n'imagine pas non plus un physicien essayant de soutenir la thèse que l'affectivité est constituée de corpuscules élémentaires ou encore d'une onde ou d'une force.

Bref, il n'y a pas de scientifique connu qui soutiendrait que l'affectivité est matière ou énergie ; ce qui signifie, encore une fois, qu'elle se trouve être hors du temps et de l'espace (hors de l'étendue et du mouvement), bien que pour être, elle ait besoin de consumer à la fois matière et énergie, de sorte qu'elle est partout et toujours.

Et donc elle est, et même elle est ce qui est le plus essentiel pour notre conscience, car sans *sentir* nous ne

---

101. Ce sont les valeurs étudiées dans le *Traité des passions* d'Aristote. Cf. *La rhétorique d'Aristote* (éd. 1856), Hachette Livre, Gallica, BnF, 2018.

connaîtrions rien et ne nous percevrions pas nous-même. La philosophie est ferme à ce sujet depuis Aristote[102] jusqu'à nos jours, en passant par Descartes[103].

Mais, enfin, elle se produit naturellement aussi *entre* deux êtres quand ils sont en relation réciproque ! Le *Tiers inclus* entre les contraires (*dieu* et *loup*) est donc susceptible de se métamorphoser en l'actualisation soit du *loup* soit du *dieu*, mais il peut aussi se dépasser lui-même en une conscience de sa propre « ambivalence » (*l'homme*). C'est dans l'espace de la réciprocité que le Soi peut se détacher du Moi et prendre une configuration d'un Soi commun, et de surcroît réfléchi sur lui-même, c'est-à-dire conscient de lui-même, et donc universel. Ce pourquoi nous avons le bonheur d'être à même de découvrir un secret de l'univers qu'aucun autre être au monde peut-être n'est à même d'apprécier autant que nous, les hommes.

Ce qui apparaît comme une donnée mémorielle très primitive, et de ce fait stable dans tous les organismes vivants, est que l'affectivité se traduit sous forme d'*angoisse*, qui peut atteindre l'intolérable lorsque l'antagonisme est paralysé par une actualisation homogénéisante de deuxième ordre[104]. Et, symétriquement, l'actualisation d'une différenciation exclusive du Tiers engendre l'*ennui* jusqu'à la

---

102. « *Il y a quelque chose qui sent que nous exerçons une activité, qui sent par conséquent, si nous sentons, que nous sentons, et si nous pensons, que nous pensons.* » Aristote, *Éthique à Nicomaque*, Publications Universitaires de Louvain, 1958, 3 vol., IX, 9, (1170 a 29) (9).

103. « [...] *à tout le moins il me semble que je vois, que j'entends, que je m'échauffe, et c'est proprement ce qui en moi s'appelle sentir, et cela, pris ainsi précisément, n'est rien autre chose que penser.* » Descartes, *Œuvres philosophiques*, Seconde Méditation, éd. Fernand Alquié, Paris, 2010.

104. Dans nos références, cette actualisation de deuxième ordre est *l'unité de la contradiction*.

nausée, qui peut devenir également intolérable[105]. Au terme de toute actualisation qui dénature le Tiers, le *vide d'affect de la liberté* est subi sur le mode du *manque à être*, et conduit à la *tristesse*.

Si l'antagonisme est immobilisé sans pouvoir se déployer, ou s'il est dissipé par une actualisation de différenciation, l'affect du Tiers est une forme de la *tristesse*. Mais qu'aussitôt se lève l'obstruction non-contradictoire au *devenir contradictoriel* du Tiers par le relais d'une actualisation opposée (l'actualisation de la diversité pour l'homogénéité et de l'homogénéité pour la diversité), l'affectivité se traduit par un certain *plaisir*, comme nous l'avons déjà dit. L'opposition entre la joie qui caractérise le Tiers et la tristesse qui caractérise ses deux *impuissantisations* – le contraire de l'*empuissantisation,* pour utiliser la terminologie de Frédéric Lordon – explique aussi le binarisme affectif.

La relation plaisir-peine (celle-ci comprenant l'angoisse et la nausée) est donc analogue à la relation joie-tristesse, mais l'angoisse (et le plaisir lié à sa disparition) comme la nausée (et le plaisir lié à sa disparition) doivent tous deux être relativisés pour que la joie du Tiers l'emporte sur sa détresse, la tristesse.

Ici, l'on doit rendre justice aux analyses de Frédéric Lordon. Que la contrainte vienne figer l'*imperium* de la multitude, celui-ci tend naturellement à s'exiler dans une attitude compensatoire, ou encore à exiger le retour à la réciprocité fondatrice, de façon empirique (jusqu'à présent) ou (aujourd'hui pourquoi pas ?) de façon rationnelle.

---

105. L'actualisation de deuxième ordre est alors *l'opposition corrélative*, à ne pas confondre avec la *contrariété*. Comme toutes les observations concernant l'antagonisme, évoquées précédemment, celles sur l'angoisse et la nausée sont empruntés à Stéphane Lupasco.

Pourquoi rationnelle ? Parce que l'on peut désormais définir quelles sont les structures sociales qui engendrent les affects ; ce qui permet de prévenir que l'absolu qui caractérise chacun d'eux pour lui-même entre en contradiction avec celui des autres, comme c'est le cas lorsque l'amitié défie la justice, ou l'égalité la liberté ou encore la responsabilité la solidarité, etc. Lorsque la relation à autrui est équilibrée entre la différence et l'identité, la convergence et la divergence, la convenance et la disconvenance, l'antagonisme peut se redoubler lui-même et se révéler la matrice de l'affectivité commune : le respect, qui dans la réciprocité de bienveillance se change en *philia*.

Comment le Tiers peut-il se dépasser dans un devenir en lui-même contradictoire ? Nous le savons, c'est la troisième opportunité qui lui est donnée par la nature : la puissance de la puissance – *l'empuissantisation lordonienne* se déploie grâce à la réciprocité. Cette réciprocité nourrit le sentiment d'une conscience souveraine, c'est-à-dire douée de la plus grande liberté qui n'est pas simplement la joie de la découverte mais la lumière intellectuelle sur ce qu'elle est – l'*eudaimonia* – le démon du bien, que l'on traduit parfois par le *bonheur*.

Si l'affectivité est ce que nous avons dit, la seule façon dont elle puisse en donner raison est de s'exprimer par elle-même dans la réciprocité en se nommant elle-même ou en donnant sens à ce qui constitue son horizon – ce qu'elle fait alors de façon manifeste par la Parole. Ainsi, la Parole est-elle le devenir contradictoriel du Tiers.

Au sein de chacune de ses constitutions historiques, l'expression des mêmes valeurs fondamentales nourrit un débat interne permanent entre deux actualisations de la Parole – Politique et Religieuse –, l'une polarisée par l'opposition corrélative, l'autre par l'unité de la contradiction, ce qui explique la turbulence de leur développement.

Chacune des deux Paroles[106] prétend en effet aveuglement à la suprématie sur l'autre en raison du caractère non-contradictoire de la logique de son actualisation, et seule la réappropriation du Tiers peut remettre en cause sa prétention au pouvoir.

On reconnaîtra à l'*imperium* – la puissance de la réciprocité généralisée – la faculté d'engendrer l'État, que Frédéric Lordon appelle l'*État général*, qui, affranchissant la liberté de chacun de ses limites individuelles, ne peut se rabaisser au pouvoir de domination d'un imaginaire ou d'une idéologie sur le capital symbolique de la société.

> « On pourrait donc dire que, désignant le fait fondamental de l'autoaffection de la multitude, l'*imperium* est la structure élémentaire *du pouvoir*, puisque tout pouvoir, quelle qu'en soit l'espèce, en procède. Et que l'*imperium* prend plus particulièrement le nom d'État général en tant qu'on y voit la matrice de tous les pouvoirs *politiques*, quelle qu'en soit la forme. L'État général est la structure élémentaire de la politique[107]. »

En réalité, le substantif *pouvoir* a deux acceptions : la *domination*, le pouvoir sur autrui, et la *puissance*. Le pouvoir qui est lié aux actualisations non-contradictoires de la conscience entrave la liberté commune. Dans le monde occidental, cette domination s'est concrétisée par la *privatisation de la propriété*. C'est ainsi que s'est interposée entre les privilèges des nantis et la genèse de l'humanité la violence du pouvoir nu. La *puissance* ne connaît pas cette capture puisqu'elle est contribution à la liberté de tous.

---

106. Cf. Dominique Temple, *Les deux Paroles* [2003], Collection *réciprocité*, n° 3, 2017.

107. Lordon, *Imperium*, *op. cit.*, p. 121.

BIBLIOGRAPHIE

Aristote, *Éthique à Nicomaque*, (traduction et commentaire par Gauthier, R. A. & J. Y. Jolif), Publications Universitaires de Louvain, 1958.

Aristote, *La rhétorique d'Aristote* [éd. 1856], Hachette Livre, Gallica, BnF, Paris, 2018.

Descartes René, *Œuvres philosophiques*, éd. Fernand Alquié, Classiques Garnier, Paris, 2010.

Fernándes Florestan, *A função social da guerra no sociedade tupinambá*, Biblioteca Pioneira de Ciencias Sociais, São Paulo, 1970.

Lévi-Strauss Claude, « La vie familiale et sociale des indiens Nambikwara », *Journal de la société des américanistes,* n° 37, Paris, 1948.

Lordon Frédéric, *Capitalisme, désir et servitude. Marx et Spinoza,* éd. La fabrique, Paris, 2009.

Lordon Frédéric, *Imperium. Structures et affects des corps politiques,* éd. La fabrique, Paris, 2015.

Lupasco Stéphane, *L'énergie et la matière vivante,* Julliard, Paris, (1962), rééd. Le Rocher, Coll. « L'esprit et la matière », Monaco, 1986.

Marx Karl, *Œuvres,* Économie I, *Le manifeste communiste*, La Pléiade, Paris, 1963.

Melià Bartomeu & Dominique Temple, *La réciprocité négative. Les Tupinamba,* Collection *réciprocité,* n° 5, 2017. Version française du chap. "El nombre que viene por la venganza", dans *El don, la venganza, y otras formas de economía guaraní*, Centro de Estudios Paraguayos "Antonio Guasch", Asunción del Paraguay, 2004.

Melià Bartomeu, *Estancia entre los Enawenê-nawê del Mato Grosso*, Brasil, 1977-1980, Centro Cultural Juan de Salazar, Asunción del Paraguay, 2016.

Ricœur Paul, *Soi-même comme un autre*, éd. du Seuil, Paris, 1990.

Sahlins Marshall, *Stone Age Economics* [1972], Trad. fr. *Âge de pierre, âge d'abondance. L'économie des sociétés primitives*, Gallimard, Paris, 1976.

Spinoza Baruch, *Éthique*, (présenté et traduit par Bernard Pautrat), éd. du Seuil, Paris, [1988], rééd. 2010.

Temple Dominique & Mireille Chabal, *La réciprocité et la naissance des valeurs humaines*, L'harmattan, Paris, 1995.

Temple Dominique, « *Un nouveau postulat pour la philosophie* » [2011], Collection *réciprocité*, n° 10, 2018.

Temple Dominique, « Le principe d'antagonisme de Stéphane Lupasco », publié dans Horia Badescu et Basarab Nicolescu (dir.), « Stéphane Lupasco : L'homme et l'œuvre » , *Bulletin Interactif du Centre International de Recherches et Études Transdisciplinaires*, CIRET, n° 13, 1998, éd. Le Rocher, Monaco, 1999.

Temple Dominique, « Les trois origines de la réciprocité symétrique » (2006), « Raison et naissance de la réciprocité symétrique » (2009), en ligne sur le site de l'auteur.

Temple Dominique, *Lévistraussique. La réciprocité et l'origine du sens*, Collection *réciprocité*, n° 6, 2017. 1ère publication dans *Transdisciplines*, L'Harmattan, Paris, 1997.

Temple Dominique, *La réciprocité de vengeance. Commentaire critique de quelques théories de la vengeance*, Collection *réciprocité*, n° 7, 2017. 1ère publication en castillan dans *Teoría de la reciprocidad*, (3 volumes), éd. Padep-Gtz, La Paz, 2003.

Temple Dominique, *Les deux Paroles*, Collection *réciprocité*, n° 3, 2017. En castillan dans *Teoría de la reciprocidad*, La Paz, 2003.

Temple Dominique, *Le Quiproquo Historique* [1992], Collection *réciprocité,* n° 12, 2018.

Valadão Virginia, *Yãkwá o Banquete dos Espíritos*, film documentaire sur les Enawenê-nawê, Centro de Trabalho Indigenista, São Paulo, Brasil, 1995.

La plupart des articles de Dominique Temple sont disponibles sur son site http://dominique.temple.free.fr/

Imprimé à la demande par Lulu.com
Dépôt légal Mars 2018

Illustration de couverture : *La Grande Vague,* Hokusai (1830)
Metropolitan Museum of Art

www.ingramcontent.com/pod-product-compliance
Lightning Source LLC
La Vergne TN
LVHW020649100826
845148LV00012B/2402

* 9 7 9 1 0 9 7 5 0 5 1 0 3 *